Regine Stroner

Backen für Weihnachten

Das große Bildbackbuch: die besten Plätzchen, Pralinen und Lebkuchen step-by-step ganz einfach selber machen.

christmas book

Regine Stroner

Backen für Weihnachten

Das große Bildbackbuch: die besten Plätzchen, Pralinen und Lebkuchen step-by-step ganz einfach selber machen.

Über dieses Buch 5

Kleines Back-ABC 6

Knusprige Mürbeteigplätzchen 20

Alles aus Rührteig 30

Feines Makronengebäck 40

Leckere Honig- und Lebkuchen 50

Zartes aus Nußteig 62

Vollwertiges und Diabetikerplätzchen 70

Beliebte Stollen und Früchtebrote 80

Konfekt für Genießer 90

Der Inhalt des Buches von A bis Z 98

Alle Jahre wieder: Weihnachtszeit = Backzeit. Heerscharen von Hausfrauen ziehen los, um sich mit den nötigen Zutaten zu versorgen. Der Umsatz von Mehl, Zucker, Butter, Eiern, Nüssen und Gewürzen steigt sprunghaft an. Selbst Leute, die sonst niemals ans Backen denken, werden von diesem ansteckenden Fieber erfaßt. Und das alles, obwohl uns die Industrie, Bäckereien und Konditoren aufs Beste mit jedem gewünschten Weihnachtsgebäck versorgen. Warum also tun wir uns das jedes Jahr wieder an? Denn mit ein bißchen Arbeit ist die Bäckerei ja schon verbunden.

- Weil schon das Werkeln in der Küche, das Ausstechen, Glasieren und Verzieren einfach Spaß machen.
- Weil einem kein noch so perfekter gekaufter Stollen die Gerüche, die Wärme und ganz besondere Atmosphäre in der Küche mitliefern kann.
- Weil man so schön nebenher naschen kann. Denn man muß ja immer wieder probieren, ob auch alles gut gelingt. (Zugegeben, nach manchem Backtag war es uns früher ganz schön schlecht von der unentwegten Nascherei).
- Und weil, ja weil selbstgemachte Plätzchen und Stollen einfach »viel besser schmekken«, einfach unvergleichlich! Und weil es ein tolles Gefühl ist, den Plätzchenteller zu präsentieren und sagen zu können: »Alles selbst gebacken«. Selbst ich war als Kind immer ganz von Stolz erfüllt, wenn meine Mutter ihre selbstgebakkenen »Weihnnachtsgutsle« anbot. Denn ich hatte ja »mitgebacken«.

Heute bin ich froh, daß mir die Küche damals so offenstand. Auch die Großmütter zeigten immer Geduld, wenn ich alles mitmachen wollte. Allen dreien möchte ich an dieser Stelle ganz herzlich danken. Durch sie habe ich die Freude am Backen erlebt, ungeheuer viel gelernt, und bis heute den Spaß daran nicht verloren. Im Gegenteil!

Viele Rezepte aus meiner Kindheit, Spezial- und Lieblingsplätzchen von Freunden und Bekannten sind in dieses Buch eingeflossen. Alle Rezepte sind so gestaltet, daß sie auch ungeübten Bäcker(innen) leicht gelingen. Sicherlich erfordert das eine oder andere Rezept ein bißchen mehr Fingerspitzengefühl oder Geduld – aber ein wenig Arbeit darf und muß auch mal sein.

Die Plätzchen sind nach Teigsorten geordnet. So finden Sie leichter die Rezepte Ihrer Lieblingsteige. Denn der eine mag lieber die knusprigen Mürbeteige, der andere eher die luftigen Makronen.

Am Anfang jedes Kapitels wird die Zubereitung des Teiges in Schritt-für-Schritt-Abbildungen genau erklärt.

Auch an diejenigen, die sich vollwertig ernähren, und dies auch während der verführerischen Weihnachtszeit tun wollen, ist gedacht. In einem speziellen Kapitel finden Sie Vorschläge für vollwertiges Weihnachtsgebäck. Dort können sich auch Diabetiker ihren eigenen Plätzchenteller zusammenstellen. Zugegeben, die Auswahl ist nicht gerade riesig. Wenn Sie mehr Rezepte dieser Art haben möchten, sollten Sie sich spezielle Backbücher dafür kaufen.

An Stollen, Früchtebrot und andere Weihnachtsbrote ist auch gedacht. Vor allem bei diesen Großgebäcken sollten Sie daran denken, rechtzeitig mit dem Backen anzufangen. Denn dies alles wird immer besser, je länger es lagert und durchziehen kann. Wenn Sie Ende November damit anfangen, so kommt es bis Weihnachten gerade hin.

Was sie allerdings möglichst frisch produzieren sollten, ist das Konfekt. Ein Kapitel, das mir sehr am Herzen liegt. Die Rezepte sind bewußt einfach gehalten, damit es beim Ausprobieren auch wirklich keine Schwierigkeiten gibt.

Nun noch einige Worte zum Backen. Aus meiner Zeit als Redakteurin einer großen Frauenzeitschrift weiß ich, daß gerade das Backen seine Tücken hat. Besonders in der Vorweihnachtszeit liefen bei uns die Telefone immer heiß. Anders als beim Kochen, wo Sie immer noch eingreifen und korrigieren können, läßt sich der Teig, ist er erst einmal im Backofen, nicht mehr verändern. Und natürlich kann da mal was schief gehen oder nicht gelingen.

Lassen Sie sich aber durch Pannen und mißlungenes Gebäck auf keinen Fall entmutigen. Und vor allem: werfen Sie auseinandergelaufene Plätzchen, blechbedeckende Makronenmasse oder vielleicht nicht ganz so wohlschmeckende Plätzchen (weil Sie irgend etwas für den Teig vergessen haben) auf keinen Fall weg! Mit Saft oder Alkohol getränkt, kann man solche Unglücke zwischen Pudding oder Crèmes schichten, oder fein zerbröselt unter Desserts mischen. Lediglich verbranntes Gebäck sollten Sie »entsorgen«. Prüfen Sie deshalb auch immer schon einige Minuten vor der angegebenen Backzeit, ob die Plätzchen bereits fertig sind. Die Herde sind heute mit so unterschiedlichen Heizsystemen ausgerüstet und jeder Herd heizt wieder anders. Deshalb sind die angegebenen Zeiten immer nur Richtzeiten. Also: Lieber zu früh als zu spät in die Röhre gucken!

Nun wünsche ich Ihnen viel Spaß beim Lesen und Ausprobieren und vor allem hinterher beim Genießen!

Ihre Regine Stroner

Kleines Back-ABC

Damit Ihnen bei der Weihnachtsbäckerei auch alles gelingt und sich nachher im bunten Teller schön präsentiert, finden Sie auf den nächsten Seiten jede Menge Tips und Tricks zu Plätzchen und Konfekt. Außerdem zum Nachschlagen: ein kleines Lexikon der wichtigsten Backzutaten.

Die wichtigsten Backzutaten von A bis Z

Anis
wird als ganzer Samen oder gemahlen als Pulver angeboten und hat ein süßes, gleichzeitig aber auch herbes Aroma. Oft genügt es, nur einige Samenkörner auf das Backblech zu streuen, um den Plätzchen einen feinen Anisgeschmack zu geben. In kleinen Mengen ist Anis auch in Lebkuchengewürz enthalten.

Apfeldicksaft
oder Apfelkraut wird aus frischen Äpfeln gewonnen. Durch Einkochen wird Flüssigkeit entzogen; der Dicksaft wird ohne Konservierungs- oder Bindemittel haltbar gemacht. Zum Füllen von Plätzchen (statt Marmelade) oder als Süßungsmittel für Vollwertbäckereien geeignet. Apfeldicksaft gibt es in Naturkostläden oder im Reformhaus.

Backaroma
verwendet man meist nur dann, wenn keine natürlichen Aromastoffe zur Verfügung stehen. Angeboten werden zum Beispiel Bittermandel-, Vanille-, Zitronen- oder Orangenaroma. Diese Aromen werden oftmals aus künstlichen Geschmacks- und Geruchsstoffen hergestellt und sind deshalb sehr intensiv. Daher beim Backen nur tropfenweise verwenden!

Backoblaten
verwendet man als Unterlage für Makronen oder feine Lebkuchen. Die papierdünnen Blättchen werden aus Mehl oder Speisestärke hergestellt, und es gibt sie rund und rechteckig in unterschiedlichen Größen zu kaufen. Inzwischen gibt es auch schon Vollkornoblaten.

Backpulver
Ein klassisches Triebmittel, das vorwiegend aus Natriumcarbonat besteht. Für Vollwertbäcker wird inzwischen Weinsteinbackpulver aus Natron und natürlicher Weinsteinsäure angeboten. Wirklich erforderlich ist Backpulver in erster Linie bei Rührteigen, die aufgehen sollen. Flaches Mürbeteig- oder Nußgebäck kommt auch ohne dieses Hilfsmittel aus. Vermischen Sie Backpulver immer zuerst mit dem Mehl, bevor Sie es unter den Teig rühren. Es sollte nämlich nicht pur mit Flüssigkeit in Berührung kommen. Backpulverteig darf nicht zu lange stehen, sondern muß möglichst rasch gebacken werden. Das Backpulver trocken und nicht zu warm aufbewahren. Angebrochene Tütchen immer wieder gut verschließen.

Bittermandeln
sind Mandeln mit extrem bitterem Geschmack. Bei der Weihnachtsbäckerei sind sie vor allem für Stollen und Marzipan unentbehrlich. Vorsicht: Bittermandeln enthalten giftige Blausäure und dürfen deshalb nur höchst sparsam verwendet werden. Auf 500 g Mehl reichen 25 g bittere Mandeln vollkommen aus. Für Kinder unerreichbar aufbewahren! Übrigens: Kleine Mengen von Bittermandeln bekommen Sie in der Apotheke.

Blockschokolade
ist eine einfache Schokolade, deren Kakaoanteil je nach Sorte variiert. Man kann sie gerieben oder geschmolzen für Teige oder Füllungen verwenden. Sie eignet sich dagegen nicht zum Überziehen als Ersatz für Kuvertüre oder Schokoladenglasur.

Buchweizen
ist trotz seines Namens kein Weizen, sondern ein Knöterichgewächs, dessen Samenkörner zu Schrot oder Mehl ausgemahlen werden können. Das Gebäck bekommt durch Buchweizen einen leicht nußartigen Geschmack.

Butter
ist neben Margarine das wichtigste Backfett. Sie können – je nach persönlichem Geschmack – Süß- oder Sauerrahmbutter, frische oder eingefrorene Butter verwenden. Wichtig ist nur, daß die Butter dem Teig entsprechend temperiert wird. Für Rührteig sollte sie zimmerwarm sein, weil sie sich dann besser schaumig schlagen läßt. Die meisten Mürbeteige hingegen gelingen mit kalter Butter besser. Statt Butter können Sie auch Butterschmalz verwenden. Allerdings reduziert sich dann die im Rezept angegebene Buttermenge um 15 Prozent.

Crème fraîche
Diese mild gesäuerte Sahne ist aus der heutigen Küche nicht mehr wegzudenken. Ursprünglich aus Frankreich kommend, wird sie inzwischen auch von verschiedenen deutschen Herstellern angeboten. Ihr Fettgehalt schwankt von 30 bis über 40 Prozent.

Datteln
Zur Weihnachtszeit gibt es sie zwar frisch, zum Backen sollten Sie aber trotzdem lieber getrocknete Früchte verwenden. Denn frische Datteln enthalten zuviel Flüssigkeit für manche Teige.

Diabetikersüße
wird meist aus Sorbit und Süßstoff hergestellt und unter unterschiedlichen Namen im Handel angeboten. Sie wird langsamer als normaler Zucker und oft insulinunabhängig im Körper abgebaut und ist deshalb als Süßungsmittel für Diabetiker geeignet.

Eier
Für abwechslungsreiches Gebäck sind Eier unverzichtbar. Mürbeteig läßt sich auch einmal ohne Eier zubereiten, aber Makronen oder Nußteige schmecken ohne Eier nicht. Die Rezepte in diesem Buch gehen immer von Eiern der Gewichtsklasse 3 aus. Das entspricht einem Eiergewicht (mit Schale!) von 60 - 65 Gramm. Verwenden Sie vor allem für Eiweißgebäck immer möglichst frische Eier. Sie lassen sich besser trennen, und der Eischnee wird richtig fest. Beim Steifschlagen immer ein ganz sauberes Gefäß nehmen, denn schon eine kleine Spur Fett kann das Steifwerden verhindern. Richtig fest ist der Eischnee, wenn ein Messerschnitt darin sichtbar bleibt.

Farinzucker
wird auch Kandisfarin oder brauner Zucker genannt. Der braune, ganz leicht karamelisierte Zucker wird aus Zuckerablaufsirup hergestellt. Seine Karamel- und Bräunungsstoffe verstärken das Aroma. Farinzucker eignet sich deshalb besonders gut für dunkle Teige und Lebkuchen.

Feigen
werden als Trockenfrüchte in zwei verschiedenen Formen angeboten. Einmal als getrocknete Naturware in Kränzen oder lose in Kartons. Oder sie werden durch Dämpfen und Einlegen in eine Einheitsform gebracht und kommen so in den Handel. Ein weißlicher Belag auf den Feigen ist unbedenklich. Es handelt sich dabei nicht um Schimmel, sondern um kristallisierte Glucose.

Fruchtzucker
ist ein für Diabetiker geeigneter Zucker, da er langsamer im Körper abgebaut wird als normaler Zucker. Der Blutzuckerspiegel steigt dadurch nicht so rasch an. Aber: Er enthält nicht weniger Kalorien!

Hagelzucker
ist ein grobkörniger Zucker, der hauptsächlich zum Bestreuen des Gebäcks verwendet wird. Er gibt den Plätzchen einen gewissen Knuspereffekt.

Haselnüsse
können Sie als ganze Kerne, gehackt, gehobelt oder feingemahlen kaufen. Die Nüsse enthalten viel Fett und werden, wenn sie gemahlen sind, schneller ranzig. Am besten ist es deshalb, die entsprechende Menge jeweils vor dem Backen frisch zu mahlen. Schälen lassen sich Haselnüsse ganz einfach: auf einem Blech im Backofen rösten, bis die Schale leicht abblättert. Dann mit einem Küchentuch rubbeln und die Schale ganz entfernen.

Hefe
ist ein rein biologisches Triebmittel, das frisch als Preßwürfel oder getrocknet als haltbare Instanthefe angeboten wird. Frische Hefe hält sich im Kühlschrank mehrere Tage, ohne ihre Treibkraft zu verlieren. Bei Instanthefe die Mindesthaltbarkeit beachten.

Hirschhornsalz
lockert schwere, zuckerhaltige Teige – vor allem flache Lebkuchenteige. Es entwickelt seine Treibkraft vorwiegend in der Backofenhitze und nicht wie Pottasche schon während der Ruhezeit des Teigs. Hirschhornsalz immer gut verschlossen aufbewahren, da es sich sonst zersetzen kann. Hirschhornsalz erhalten Sie in der Apotheke.

Honig
Echter Honig ist ein reines Naturprodukt, das von Bienen aus süßen Pflanzenbestandteilen gewonnen wird. Für Lebkuchen- und Honigteige ist er unentbehrlich. Je nach pflanzlicher und geographischer Herkunft wird Honig in verschiedene Sorten eingeteilt. Fester Honig kann im milden Wasserbad wieder flüssig gemacht werden. Neben dem echten Honig wird sogenannter Kunsthonig angeboten, der nach einem bestimmten Verfahren aus Frucht- und Traubenzucker hergestellt wird. Nach Belieben kann er beim Backen den echten Honig ersetzen.

Ingwer
wird frisch als Wurzel, kandiert oder gemahlen als Pulver angeboten. Er ist sehr intensiv im Geschmack, sogar etwas scharf. Sie sollten ihn deshalb beim Backen nur sparsam verwenden. Wenn Sie frischen Ingwer kaufen können, sollten Sie ihn dem getrockneten Pulver vorziehen. Kandierte Ingwerstückchen eignen sich gut als Verzierung.

Kakaopulver
Die Kakaobohnen werden geröstet, aufgebrochen und gemahlen. Je nach Entzug der darin enthaltenen Kakaobutter gewinnt man stark entöltes Kakaopulver mit mindestens 8% und höchstens 20% Fett oder schwach entöltes Pulver mit mindestens 20% Fett. Zum Backen eignen sich beide Sorten. Am besten wird Kakao in den Teig gesiebt, damit sich keine Klümpchen bilden.

Kardamom
Die Samen dieser Ingwerpflanze gibt es als ganze Kapseln oder bereits zu Pulver gemahlen zu kaufen. Kardamom gibt hauptsächlich Stollen, Lebkuchen und Spekulatius den ganz speziellen Geschmack.

Kokosflocken
sind das fein oder grob geraspelte Fruchtfleisch der Kokosnüsse. Da sie einen hohen Fettgehalt haben, sind sie nur begrenzt haltbar. Sie sollten Kokosflocken kühl und lichtgeschützt aufbewahren.

Koriander
wird entweder als ganzes Korn oder gemahlen angeboten. Für Weihnachtsgebäck wird Koriander in Pulverform und in kleinen Mengen verwendet. Auch im Lebkuchengewürz ist etwas Koriander enthalten.

Korinthen
sind ganz kleine, fast schwarze getrocknete Weinbeeren. Meist kommen sie aus griechischem Anbau. Vor dem Backen kurz unter heißem Wasser abspülen, in einem Sieb abtropfen lassen und mit einem Küchentuch trockenreiben.

Krokantstreusel
werden als Fertigprodukt angeboten, auch als Haselnußkrokant.

Kuvertüre
sorgt für einen glänzenden Überzug von Pralinen oder Gebäck. Es gibt sie in den Varianten hell (Vollmilch) und dunkel (Halbbitter) und inzwischen auch rein weiß, als Gegenstück zur weißen Schokolade. Kuvertüre enthält mehr Kakaobutter als die normale Schokolade, schmilzt dadurch besser und läßt sich auch leichter verteilen. Sie eignet sich aber nicht nur zum Überziehen, sondern auch für Teige, Cremes und für Konfekt.

Lebkuchengewürz
ist eine Mischung aus Piment, Sternanis, Anis, Nelken, Kardamom, Muskatnuß, Muskatblüte, Vanille und vor allem Zimt. Diese Gewürzmischung ist speziell auf Lebkuchenteige abgestimmt.

Liebesperlen
Die kleinen bunten Kügelchen sind eine beliebte Verzierung für viele Sorten Gebäck. In Frankreich werden sie auch »Nonpareilles« (Unvergleichliche) genannt.

Mandeln
kommen als ganze Kerne, geschält oder ungeschält, als Mandelstifte, Mandelblättchen oder gemahlen in den Handel. Ganz schnell lassen sich Mandeln auch selber abziehen: kurz mit kochendem Wasser überbrühen, kalt abschrecken und die weißen Kerne aus der braunen Haut drücken.

Margarine
Genauso wie Butter ein wichtiges Backfett. Verwenden Sie zum Backen vorwiegend festere Margarine – vor allem für Mürbeteige –, sonst wird der Teig leicht zu weich.

Marzipanrohmasse
gibt es fertig zu kaufen. Sie wird nach einer bestimmten Mischung aus Mandeln, Zucker und Mandelöl produziert. Sie können Marzipan aber auch selbst aus Mandeln, Puderzukker und Rosenwasser herstellen (siehe Seite 96/97).

Mehl
steht in diesem Buch, soweit nichts anderes angegeben ist, immer für Weizenmehl Type 405 (Österreich: Type 480). Das feingemahlene helle Mehl ist nach wie vor das gebräuchlichste Backmehl. Wenn Sie mit Vollkornmehlen backen möchten, sollten Sie sich nach den speziellen Rezepten richten. Ein einfacher Austausch gegen das herkömmliche Mehl ist bei den meisten Rezepten etwas problematisch, da Vollkornmehl mehr Flüssigkeit benötigt.

Mohn
Ganze Mohnsamen werden nicht so schnell ranzig wie die bereits gemahlenen Körnchen. Deshalb sollten Sie Mohn immer erst kurz vor dem Backen frisch mahlen. Ganz gut geht das in dafür geeigneten Getreidemühlen, in einer speziellen Mohnmühle oder im elektrischen Zerkleinerer. Backfertige Mohnmasse gibt es auch im Beutel abgepackt zu kaufen.

Muskatblüte
oder Macis ist ein feines Gewürz mit mild-scharfem Aroma, das aus dem getrockneten Samenmantel der Muskatfrucht gewonnen wird. Zum Backen wird Muskatblüte gemahlen verwendet.

Muskatnuß
Die feste Nuß muß immer fein gerieben werden. Beim Backen werden nur geringe Mengen verwendet, da das Aroma sehr intensiv ist.

Nelken
Die getrockneten Blütenknospen gibt es im Ganzen oder gemahlen als Pulver zu kaufen. Das sehr intensive Gewürz sollten Sie sparsam verwenden.

Orangeat
ist die kandierte Schale der Bitterorange oder Pomeranze. Es wird in Stücken oder bereits fein gewürfelt angeboten.

Piment
wird auch Nelkenpfeffer genannt. Zum Backen wird er gemahlen und nur in kleinen Mengen verwendet.

Pinienkerne
Die Samenkerne aus den Zapfen des Pinienbaumes haben einen mandelähnlichen, sehr milden Geschmack. Da sie relativ teuer sind, nimmt man sie vorwiegend zum Verzieren oder für feine Makronen.

Pistazien
sind die kleinen hellgrünen Früchte des Pistazienbaumes. Die Kerne sind ein wenig süß und intensiv im Geschmack. Durch den hohen Ölanteil werden sie leicht ranzig, sollten also nicht allzu lange aufbewahrt werden. Außerdem sind sie nicht gerade billig, so daß sie vor allem zum Verzieren verwendet werden.

Pottasche
ist Kaliumcarbonat, das als Treibmittel vor allem für schwere Lebkuchenteige geeignet ist. Sie entwickelt ihre Triebkraft größtenteils bereits während der Ruhezeit vor dem Backen. Pottasche können Sie in der Apotheke kaufen.

Puderzucker
wird aus ganz feinem raffinierten Zucker staubfein gemahlen und ist vor allem zum Verzieren und Glasieren geeignet. Aber auch manche Mürbe- oder Rührteige werden damit zubereitet.

Rosinen
gibt es von sehr hell bis fast dunkelbraun aus verschiedenen Anbaugebieten. Die getrockneten Weinbeeren werden teilweise zur Konservierung vorgeschwefelt – das muß dann aber auf der Packung vermerkt sein.

Rübenkraut
oder Rübensirup ist ein Süßungsmittel, das aus dem Saft der frischen Zuckerrübe gekocht wird. Wegen seiner dunklen Farbe verwendet man den Sirup gerne für dunkle Lebkuchenteige.

Speisestärke
ist ganz feiner Stärkepuder und wird zum Backen meistens mit Mehl gemischt. Speisestärke macht den Teig etwas feiner und sandiger in der Konsistenz. Am gebräuchlichsten ist Speisestärke, die aus Kartoffeln oder Mais gewonnen wird.

Sternanis
ist ein intensives Gewürz, dem Anis sehr ähnlich. Dennoch haben die beiden Gewürze von ihrer Herkunft her nichts miteinander zu tun. Zum Backen verwendet man Sternanis immer schon gemahlen.

Sultaninen
sind die kernlose und etwas größere Variante der Rosinen. Sie sind außerdem meist weicher und fleischiger als Rosinen. Auch sie werden zum Konservieren teilweise geschwefelt. Auf den Packungsaufdruck achten!

Vanille
wird auch die »Königin der Gewürze« genannt. Die langen schwarzen Vanilleschoten enthalten im Innern das aromatische Vanillemark. Angeboten werden ganze Schoten, zu feinem Pulver gemahlene Schoten und Vanillezucker, der mit echter Vanille aromatisiert ist.

Vanillin
ist das künstlich hergestellte und deshalb billigere Gegenstück zur Vanille. Vanillinzucker gibt es in Portionspäckchen abgepackt zu kaufen.

Walnüsse
werden noch in der Schale oder bereits geschält als Walnußhälften angeboten. Da sie sehr geruchsempfindlich sind, sollte man sie gut verpackt, kühl und trocken aufbewahren. Walnüsse eignen sich als Hälften hervorragend zum Verzieren und geben gemahlen Plätzchenteigen eine fein-herbe Note.

Zimt
ist sicherlich das wichtigste »Weihnachtsgewürz«. Er wird in Stangen (meist aus Ceylon) oder bereits fein gemahlen (aus China) angeboten. Für Weihnachtsgebäck wird er fein gemahlen verwendet. Zimt ist außerdem Hauptbestandteil beim Lebkuchengewürz.

Zitronat
wird auch Sukkade genannt und ist die kandierte Schale der Zedratzitrone. Erhältlich sind ganze Stücke oder feingeschnittene Zitronatwürfel.

Zucker
Ohne ihn geht beim Backen gar nichts. Für die meisten Teige wird raffinierter weißer Zucker verwendet.

Zuckerrohrgranulat
wird aus dem Pflanzensaft von Zuckerrohr hergestellt. In der Vollwertbäckerei ist das Granulat ein beliebtes Süßungsmittel, da seine Vitamine und Mineralstoffe weitgehend erhalten geblieben sind.

Tips fürs Backen und Aufbewahren

● Lassen Sie den Mürbeteig – wie in den Rezepten angegeben – im Kühlschrank oder an einem anderen kühlen Ort ruhen. Der Teig läßt sich dann besser verarbeiten. Falls einmal etwas dazwischenkommt und Sie den Teig über Nacht im Kühlen lassen, macht das auch nichts. Nur zum Ausrollen ist er dann sicherlich etwas zu fest. Da hilft nur eines: Teigportionen abschneiden und kurz durchkneten.

● Manchmal behalten Mürbeteigplätzchen beim Backen nicht ganz die Form. Am besten hilft dagegen, wenn Sie das Blech mit den rohen Plätzchen vor dem Backen noch einmal kalt stellen. Möglichst in den Kühlschrank schieben oder kurz auf den Balkon stellen.

● Makronenteige sollten Sie immer gleich verarbeiten. Ansonsten kann sich Eiweiß absetzen und die Plätzchen gelingen dann nicht mehr.

● Am besten arbeiten Sie beim Plätzchenbacken mit zwei Blechen gleichzeitig. Während das eine Blech im Ofen ist, können Sie schon das nächste vorbereiten. Sollten Sie nur ein Blech haben: Bespannen Sie den Backrost mit extrastarker Alufolie und legen Sie zusätzlich Backpapier darauf.

● Grundsätzlich gilt: Die Plätzchen immer erst vollkommen auskühlen lassen, dann verpacken. Plätzchen, die knusprig bleiben sollen (aus Mürbeteig oder Makronenmasse), gleich in festschließende Dosen geben. Plätzchen, die weich werden sollen (aus Lebkuchen- und Nußteigen), ein bis zwei Tage offen stehen lassen, dann können sie aus der Luft Feuchtigkeit aufnehmen. Die Plätzchen dann mit einem Apfelschnitz verpacken.

● Plätzchen aus verschiedenen Teigsorten möglichst getrennt verpacken. Dies gilt besonders dann, wenn stark gewürzte Sorten dabei sind. Zwischen die einzelnen Lagen sollten Sie Butterbrotpapier legen, damit nichts zerbrechen kann.

1 Vom gekühlten Teig ein Stück abschneiden. Den Rest wieder mit Folie abdecken und kalt stellen. Wenn der Teig sehr fest ist, ganz kurz mit leicht bemehlten Händen auf der Arbeitsfläche durchkneten.

2 Die Arbeitsfläche mit Mehl bestäuben. Den Teig darauf legen und mit dem Nudelholz etwas flachdrücken. Die Teigoberfläche ebenfalls mit etwas Mehl bestäuben, damit nichts am Nudelholz kleben bleibt.

3 Den Teig nun ausrollen. Zwischendurch immer wieder mit einer Palette lösen und um 90° drehen, damit die Platte möglichst gleichmäßig ausgerollt wird.

4 Mit kleinen Ausstechförmchen die Plätzchen so ausstechen, daß möglichst wenig Zwischenraum bleibt. Teigreste dann zusammenkneten, kalt stellen und nochmals ausrollen.

5 Die gebackenen Plätzchen noch heiß mit einer Palette vom Blech lösen. Auf ein Kuchengitter setzen, damit sie auskühlen können. Sollten die Plätzchen schon zu kühl sein und ankleben, einfach das Blech noch einmal in den warmen Ofen schieben.

6 Für kleine Brezeln aus Mürbeteig zuerst den Teig von Rollen in Scheiben schneiden. Auf der leicht bemehlten Arbeitsfläche mit den Fingerspitzen zu etwa 10 –12 cm langen Strängen rollen. Diese dann zu Brezeln formen, die Ärmchen dabei gut andrücken. Nach Belieben die Ansatzstellen mit verquirltem Eiweiß bepinseln, dann klebt der Teig besser.

7 Für Spritzgebäck wird der relativ weiche Teig in einen Spritzbeutel gefüllt. Durch eine große Rosettentülle s- oder kringelförmige Plätzchen direkt auf das Backblech spritzen.

8 Genau so gut geht diese Arbeit, wenn man eine Verzierspritze verwendet oder mit einem Spezialaufsatz für den Fleischwolf arbeitet. Die Teigstränge abschneiden, zu Kringeln formen und auf das Backblech legen.

Glanz für Plätzchen und Konfekt

So manches Gebäck bekommt erst durch die entsprechende Glasur den richtigen Pfiff. Damit das Glasieren auch gelingt, hier ein paar Tips.

- Lassen Sie die Plätzchen gut auskühlen, bevor Sie eine Glasur auftragen. Nur wenn eine Puderzuckerglasur dünn und durchsichtig sein soll, können Sie die noch warmen Plätzchen damit bestreichen. Die Glasur läßt sich dann besser verteilen und trocknet schneller.
- Die Puderzuckerglasuren lassen sich viel besser mit einem kleinen Messer als mit einem Pinsel auftragen. Jeweils einen Tupfer Glasur in die Mitte der Plätzchen geben und dann mit dem Messer verstreichen.
- Schokoladenglasur wird am schönsten, wenn man die Plätzchen kurz darin eintaucht, abtropfen läßt und dann zum Trocknen auf ein Kuchengitter setzt. Auf keinen Fall zum Festwerden kalt stellen, dadurch kann die Glasur einen Grauschleier bekommen. Das gilt vor allem dann, wenn Sie Kuvertüre verwenden. Bei Schokoladenglasur, die viel mehr Pflanzenfett enthält, besteht diese Gefahr nicht.
- Alle Glasurreste lassen sich gut aufbewahren. Puderzuckerglasur gut abdecken und bei Bedarf mit einigen Tropfen Wasser oder Saft wieder glattrühren. Schokoladenglasur fest werden lassen und bei Bedarf bei milder Hitze im Wasserbad schmelzen.

1 Eine ganz schnelle Glasur: 125 g Puderzucker mit 2–3 Eßlöffeln Flüssigkeit glattrühren. Nach Belieben können Sie verwenden: Zitronen- oder Orangensaft, Rum, Weinbrand, Fruchtsaft oder -sirup, Likör, Kaffee oder einfach Wasser.

2 Eine feste Eiweißglasur: 1 Eiweiß zusammen mit 250 g Puderzucker in ein hohes Gefäß geben. Mit den Schneebesen des Handrührers aufschlagen, bis die Masse ganz fest und schaumig ist.

3 Weiße Puderzuckerglasuren lassen sich gut mit Fruchtsaft, Sirup, ganz wenig Spinatsaft, Eigelb oder Lebensmittelfarbe einfärben.
Achtung: Lebensmittelfarbe nur tropfenweise einrühren, sie färbt sehr intensiv!

4 Für einen schönen Schokoladenüberzug wird helle oder dunkle Kuvertüre in kleine Stücke geschnitten. Sie kann dadurch schneller und gleichmäßiger schmelzen. Die Stückchen in eine hitzebeständige Schüssel geben und diese in einen passenden, mit heißem Wasser gefüllten Topf hängen. Oder einen speziellen Wasserbadtopf verwenden.

5 Die Kuvertüre bei ganz milder Hitze schmelzen, dabei immer wieder umrühren. Die Kuvertüre soll nur warm, nicht heiß werden, da sich sonst leicht Klümpchen bilden.

6 Die flüssige Kuvertüre anschließend abkühlen lassen und dann wieder auf etwa 36° erwärmen. Man nennt diesen Vorgang »temperieren«. Durch diese Prozedur erhält der Überzug einen besonders schönen Glanz.

7 Für eine selbstgemachte Schokoladenglasur schneiden Sie 150 g bittere Schokolade klein und geben Sie mit 200 g Zucker und 1/8 l Wasser in einen Topf.

8 Die Zutaten unter Rühren erhitzen und etwa 10 Minuten sprudelnd kochen lassen. Etwas abkühlen lassen, dann die Plätzchen darin eintauchen oder damit bestreichen.

Plätzchen – schön verziert

Viele Plätzchen lassen sich schon vor dem Backen mit geringem Aufwand »verschönern«.

- Mürbeteigplätzchen bekommen eine schöne goldgelbe Farbe, wenn man sie mit einer Mischung aus Eigelb und Milch oder Sahne bestreicht.
- Mit verquirltem Eiweiß bestrichen glänzen die Plätzchen leicht. Zusätzlich in Hagelzucker oder groben Zucker gedrückt erhalten sie eine knusprige Zukkerkruste.
- Wenn die Plätzchen von einer Rolle in Scheiben abgeschnitten werden, können Sie die Rollen vor dem Schneiden in gehackten Nüssen, Zucker oder in einer Mischung aus beidem wälzen. Das gibt einen schönen Knusperrand.
- In geformte Plätzchen (Kugeln oder Scheiben) läßt sich mit einer Gabel ganz schnell ein Muster eindrücken.
- Wenn Sie die Plätzchen mit Puderzucker- oder Schokoladenglasur überzogen haben, können Sie noch zusätzliche Verzierungen aufstreuen. Wichtig: Die Glasur darf noch nicht zu fest sein, sonst bleibt die Verzierung nicht mehr daran haften. Also möglichst alles schon bereitstellen und etwa nach zehn glasierten Plätzchen die Verzierung aufstreuen. Dann die nächsten Plätzchen glasieren und wieder verzieren und so weiter.
- Zum Verzieren können Sie eigentlich alles verwenden, was Ihnen gefällt. Und was vielleicht Ihren Kindern gefällt. Denn denen macht bei der Weihnachtsbäckerei vor allem das Verzieren Spaß.

1 Einfache Mürbeteigplätzchen vor dem Backen mit verquirltem Eigelb bestreichen. Oder 1 Eigelb mit 1 Eßlöffel Sahne oder Milch verquirlen. Diese Mischung läßt sich mit dem Pinsel leicht auftragen.

2 Nach Belieben jedes Plätzchen zusätzlich verzieren. Gut eignen sich dafür halbierte geschälte Mandeln, ganze Haselnüsse, gehackte Nüsse, Walnußhälften, Mandelstifte oder Hagelzucker.

3 Fertig gebackene Plätzchen (entweder ausgestochen oder von Hand geformt) können Sie zur Hälfte in Kuvertüre tauchen. Kipferln zum Beispiel auch nur mit den Spitzen oder Brezeln nur mit dem dicken unteren Teil. Zum Tauchen den Topf mit der Kuvertüre leicht schräg stellen, dann läßt es sich viel leichter arbeiten und man braucht nicht so viel Kuvertüre.

4 In Glasur (aus Puderzucker oder Schokolade) getauchte Plätzchen können Sie zusätzlich mit Liebesperlen, fertigen Krokantstreuseln, ganzen oder grob gehackten Nüssen verzieren.

5 Größere runde Plätzchen, vor allem Lebkuchen, lassen sich gut mit diesem reizvollen Muster verzieren. Dafür zuerst mit dunkler Kuvertüre bestreichen, dann feine Kringel und einen Tupfer aus weißer Puderzuckerglasur aufspritzen. Von der Mitte her mit einem Holzstäbchen mehrmals nach außen ziehen, so daß ein netzartiges Muster entsteht. Dafür müssen Sie rasch arbeiten, damit die Glasur nicht zu fest wird. Sie läßt sich dann nämlich nicht mehr so gut verarbeiten.

6 Um die Plätzchen mit feinen Glasurlinien zu verzieren, legt man sie möglichst dicht nebeneinander. Durch eine feine Lochtülle Puderzucker- oder Schokoladenglasur großzügig in feinen Linien darüber spritzen.

7 Am schnellsten lassen sich Plätzchen mit Puderzucker oder einer Mischung aus Kakao und Puderzucker verzieren, die einfach nur darüber gestäubt wird. Nach Belieben können Sie eine Plätzchenhälfte mit Papier abdecken.

Dekor für Pralinen und Konfekt

Bei feinen Pralinen und Konfekt sind Glasur und Dekor das A & O. Allerdings brauchen Sie hierfür ein bißchen mehr Geduld und Fingerspitzengefühl. Denn die Pralinen sind meistens doch etwas empfindlicher als die gebackenen Plätzchen.

- Ganz wichtig: Wenn Sie Pralinen aus Trüffelmasse mit Kuvertüre überziehen möchten, sollten Sie die Rohlinge vorher gut kühlen. Die Masse kann dann beim Eintauchen in die warme Kuvertüre nicht so schnell schmelzen. Außerdem wird die Kuvertüre schneller fest.
- Zum Trocknen setzen Sie die Pralinen am besten auf ein feinmaschiges Gitter. Beim normalen Kuchengitter sind meistens die Abstände zu groß und das Absetzen der Pralinen wird zum akrobatischen Akt.
- Wenn Sie kein solches Gitter haben, können Sie auch Alufolie verwenden. Die Kuvertüre kann dann aber nicht richtig abtropfen, sondern bildet rund um die Praline einen kleinen Kranz. Wenn Sie das stört, schneiden Sie ihn einfach mit einem Messer rundum ab.
- Die Pralinen möglichst kühl, aber nicht zu lange aufbewahren, denn darunter leidet das Aroma. Länger als 14 Tage sollten Sie Konfekt nicht lagern. Auch ein ständiger Wechsel zwischen warm und kalt tut ihm nicht gut. Dann kann es zu leichten Grauverfärbungen des Schokoüberzuges kommen. Außerdem: Frisch schmeckt selbergemachtes Konfekt wirklich am besten!

1 Pralinen tauchen Sie am besten mit Hilfe einer speziellen Gabel in die Kuvertüre. Sie ist ganz flach und hat besonders schmale Zinken. Die Pralinen gut abtropfen lassen und dann zum Trocknen auf ein feinmaschiges Gitter setzen.

2 Sobald die Kuvertüre ein wenig fest geworden ist, lassen sich mit Spezialgabeln auch Muster ziehen. Die Gabel nur auflegen und wieder abheben. So entstehen streifen- oder spiralförmige Muster.

3 Getauchte Pralinen können Sie zusätzlich noch mit abgezogenen halbierten Mandeln, Walnußhälften, Pistazienkernen, kleinen Stückchen von kandierten Früchten oder feinen Liebesperlen verzieren.

4 Oder Sie spritzen auf die mit Kuvertüre überzogenen Pralinen noch feine Linien auf. Dabei wird hell überzogenes Konfekt mit dunklen Linien verziert und umgekehrt. Auf runde Pralinen lassen sich auch eine Spirale oder einfach feine Tupfer aufspritzen.

5 Pralinenkugeln können Sie in Kuvertüre tauchen, herausheben und auf ein Gitter setzen. Dann während des Abkühlens mit Hilfe einer Gabel hin- und herrollen, so daß feine Spitzen entstehen. Diese Kugeln nach Belieben noch mit Kakao oder Puderzucker überstäuben.

6 Einen knusprigen Überzug bekommen getauchte Kugeln, wenn man sie auf einen Teller mit Krokantstreuseln setzt. Durch Rütteln des Tellers werden sie rundum mit den Streuseln überzogen.

7 Pralinen, die in Metall- oder Papierhütchen gespritzt werden, können Sie ganz vielfältig verzieren. Nehmen Sie dafür kleine Zuckerblümchen, kandierte Veilchenstücke, pastellfarbene Liebesperlen, Pistazien, Pinienkerne oder Mandelstifte.

Knusprige Mürbeteigplätzchen

Der Schmuck für jeden Weihnachtsteller! Und die »Ausstecherei« macht besonders Kindern viel Spaß. Außerdem können Sie diese Plätzchen so schön nach Lust und Laune verzieren. Übrigens: Im Gegensatz zu allen anderen Weihnachtsplätzchen schmecken Mürbeteigplätzchen frisch am besten.

Terrassen

Zutaten für etwa 40 Stück:

Für den Teig:
300 g Mehl
100 g Zucker
1 Päckchen Vanillinzucker
abgeriebene Schale einer Zitrone
1 Ei
200 g kalte Butter oder Margarine

Für die Füllung:
175 g rote Johannisbeer-marmelade

Zum Bestäuben:
2 Eßl. Puderzucker

Außerdem:
Fett oder Backpapier für das Backblech
Mehl zum Ausrollen

Vorbereitungszeit:
45 Minuten

Ruhezeit:
1 Stunde

Backzeit:
pro Blech etwa 12 Minuten

Fertigstellung:
15 Minuten

Tips:
Wenn Sie eine Küchenmaschine haben, können Sie den Mürbeteig selbstverständlich auch damit zubereiten.

Den Mürbeteig können Sie statt im Kühlschrank auch auf dem Fenstersims oder dem Balkon ruhen lassen. Die Außentemperaturen sollten dann allerdings nicht unter 0 ° oder über 10 ° liegen.

Die Teigreste, die beim Ausstechen übrig bleiben, zusammenkneten und nochmals kurz kühlen. Der Teig läßt sich dann wieder besser ausrollen und ausstechen.

Wichtig beim Zusammenkleben der Terrassen: Die Plätzchen müssen noch heiß sein, wenn sie mit der Marmelade bestrichen werden. Nur dann bleiben sie richtig aneinander haften.

1 Das Mehl mit dem Zucker, dem Vanillinzucker und der Zitronenschale auf die Arbeitsfläche häufen. In die Mitte das Ei geben. Die Butter oder die Margarine in kleine Stücke schneiden und rundherum verteilen.

2 Alle Zutaten zuerst mit einem großen Messer oder einer Palette gründlich durchhacken. Dabei sollten kleine, gleichmäßige Brösel entstehen.

3 Die Brösel dann mit kühlen Händen rasch zusammenkneten. Nicht zu lange kneten, da sonst das Fett warm und der Teig weich und klebrig werden. In Folie wickeln und mindestens 1 Stunde im Kühlschrank ruhen lassen.

4 Den Backofen auf 180° (Gas: Stufe 3) vorheizen. Das Backblech einfetten oder mit Backpapier belegen. Die Arbeitsfläche dünn mit etwas Mehl bestäuben und den Teig gleichmäßig darauf ausrollen.

5 Die Teigplatte mehrmals mit einer langen Palette leicht anheben und von der Arbeitsfläche lösen. Eventuell noch mit etwas Mehl bestäuben. Den Teig 3 – 4 mm dick ausrollen.

6 Mit drei verschieden großen Ausstechförmchen jeweils gleich viele runde Plätzchen mit Zackenrand ausstechen und auf das Backblech setzen. In den Backofen (Mitte) schieben und in etwa 12 Minuten goldgelb backen. Teigreste zusammenkneten und erneut ausrollen.

7 Die Plätzchen noch heiß vom Blech lösen und auf einem Kuchengitter verteilen. Am besten geht das mit einer Palette oder einem breiten großen Messer.

8 Die noch warmen Plätzchen zusammensetzen: Das größte Plätzchen mit Marmelade bestreichen, das mittlere darauf setzen und ebenfalls bestreichen. Zum Schluß das kleine Plätzchen darauf setzen. Die Terrassen auf einem Kuchengitter gut auskühlen lassen.

9 Die Terrassen entweder gleich mit Puderzucker bestäuben und sorgfältig zwischen Lagen von Seidenpapier verpacken. Oder aber ungezuckert verpacken, und dann portionsweise je nach Bedarf erst kurz vor dem Servieren mit Puderzucker überstäuben.

Zimtplätzchen

Zutaten für etwa 100 Stück:

Für den Teig:
250 g Mehl
125 g Puderzucker
1 Prise Salz
1 Teel. Zimt
1 Ei
2 Eßl. Milch
150 g kalte Butter oder Margarine

Für den Belag:
1 Eigelb
2 Eßl. Milch
40 g Mandelblättchen

Außerdem:
Fett oder Backpapier für das Backblech
Mehl zum Ausrollen

Vorbereitungszeit:
45 Minuten

Ruhezeit:
1 Stunde

Backzeit:
pro Blech etwa 15 Minuten

1 Das Mehl, den Puderzucker und die Gewürze auf die Arbeitsfläche geben. Das Ei und die Milch in die Mitte geben, das Fett rundherum setzen.

2 Alle Zutaten mit einem großen Messer durchhacken, dann mit den Händen rasch verkneten. Den Teig in Folie gewickelt mindestens 1 Stunde kalt stellen.

3 Den Backofen auf 180° (Gas: Stufe 3) vorheizen. Das Backblech vorbereiten. Den Teig auf etwas Mehl 3 – 4 mm dick ausrollen.

4 Das Eigelb mit der Milch verquirlen. Die Teigplatte damit bestreichen und mit den Mandelblättchen bestreuen.

5 Den Teig in etwa 2 cm große Rauten schneiden. Die Plätzchen auf das Blech legen. Im Backofen (Mitte) in etwa 15 Minuten goldbraun backen.

Sandgebäck

Zutaten für etwa 40 Stück:

Für den Teig:
250 g Mehl
100 g Puderzucker
1 Prise Salz
150 g kalte Butter oder Margarine
je 50 g feingewürfeltes Zitronat und Orangeat
abgeriebene Schale einer Orange

Außerdem:
Mehl zum Ausrollen
Fett oder Backpapier für das Backblech

Vorbereitungszeit:
30 Minuten

Ruhezeit:
1 Stunde

Backzeit:
pro Blech etwa 12 Minuten

1 Das Mehl mit dem Puderzucker und dem Salz auf die Arbeitsfläche häufen. Das Fett in kleine Stücke schneiden und obenauf setzen. Alle Zutaten mit einem großen Messer durchhacken, dann mit den Händen rasch verkneten. Das Zitronat, das Orangeat und die Orangenschale unterkneten. Den Teig in Folie wickeln und mindestens 1 Stunde im Kühlschrank ruhen lassen.

2 Den Backofen auf 200° (Gas: Stufe 4) vorheizen. Das Backblech einfetten oder mit Backpapier belegen.

3 Den Teig auf wenig Mehl 4 – 5 mm dick ausrollen. Runde Plätzchen mit etwa 3 cm Ø ausstechen. Auf das Backblech legen, in den Backofen (Mitte) schieben und in etwa 12 Minuten goldgelb backen.

Schwarz-Weiß-Gebäck

Zutaten für etwa 60 Stück:

Für den Teig:
300 g Mehl
150 g Zucker
1 Ei oder 2 Eigelb
200 g kalte Butter oder Margarine
2 Eßl. Kakao
2 Eßl. Sahne

Außerdem:
Mehl zum Ausrollen
Fett oder Backpapier für das Backblech

Vorbereitungszeit:
30 Minuten

Ruhezeit:
2 Stunden

Backzeit:
pro Blech etwa 12 Minuten

1 Das Mehl mit dem Zucker auf die Arbeitsfläche häufen. Das Ei oder die Eigelbe in die Mitte geben. Das Fett in kleinen Stücken rundherum setzen.

2 Diese Zutaten mit einem großen Messer durchhakken, dann rasch mit den Händen verkneten.

3 Den Teig halbieren. Die eine Hälfte auf der Arbeitsfläche etwas flach drücken. Den Kakao und die Sahne daraufgeben. Mit den Händen rasch verkneten, bis sich alles gut verbunden hat und der Teig gleichmäßig braun gefärbt ist. Die Teigstücke in Folie wickeln und mindestens 1 Stunde kalt stellen.

4 Auf der bemehlten Arbeitsfläche zuerst den hellen, dann den dunklen Teig messerrückendick zu gleich großen Rechtecken ausrollen. Die Teigplatten aufeinander legen und leicht andrücken. Von der breiten Seite her aufrollen.

5 Die Rolle in etwa 20 cm lange Stücke schneiden. Einzeln in Folie wickeln und nochmals 1 Stunde kalt stellen.

6 Den Backofen auf 180° (Gas: Stufe 3) vorheizen. Das Backblech einfetten oder mit Backpapier belegen. Von den Rollen knapp 5 mm dicke Scheiben abschneiden und auf das Blech legen. In den Backofen (Mitte) schieben und etwa 12 Minuten backen.

Varianten

Pyramidenplätzchen

Die beiden Teige 3 – 4 mm dick ausrollen. Jeweils gleich viele runde, dreieckige oder rechteckige Plätzchen in drei verschiedenen Größen ausstechen. Dann immer drei verschieden große Plätzchen in der Farbe abwechselnd zu kleinen Pyramiden aufeinandersetzen. Im auf 180° (Gas: Stufe 3) vorgeheizten Backofen (Mitte) etwa 15 Minuten backen.

Schwarz-Weiß-Taler

Die Teige jeweils halbieren. Eine Teighälfte zu Rollen mit etwa 2 cm Ø formen. Die beiden anderen Teile jeweils auf etwas Mehl 3 – 4 mm dick ausrollen. Mit dem hellen Teig die dunkle Teigrolle umhüllen, mit dem dunklen Teig die helle Rolle einwickeln. Dabei die Ränder fest andrücken. Die Rollen in ungefähr 20 cm lange Stücke teilen. Einzeln in Folie wickeln und nochmals 1 Stunde kaltstellen. Dann in knapp 5 mm dicke Scheiben schneiden und auf das Backblech legen. Im vorgeheizten Backofen bei 180° (Gas: Stufe 3) etwa 12 Minuten backen.

Aprikosenplätzchen

Zutaten für etwa 65 Stück:

Für den Teig:
300 g Mehl
150 g Zucker
abgeriebene Schale einer halben Zitrone
1 Ei
200 g kalte Butter oder Margarine

Für die Füllung:
150 g Aprikosenmarmelade
nach Belieben 2 Eßl. Aprikosenschnaps

Zum Bestäuben:
2 Eßl. Puderzucker

Außerdem:
Fett oder Backpapier für das Backblech
Mehl zum Ausrollen

Vorbereitungszeit:
30 Minuten

Ruhezeit:
1 Stunde

Backzeit:
pro Blech etwa 10 Minuten

Fertigstellung:
15 Minuten

Varianten

Hildabrötchen

Zutaten für etwa 70 Stück:
Teig wie oben

Für die Füllung:
100 g Hagebuttenmarmelade

Vorbereitungszeit:
40 Minuten

Backzeit:
pro Blech etwa 12 Minuten

Nußplätzchen

Zutaten für etwa 70 Stück:
Teig wie oben

Für den Belag:
2 Eiweiß
125 g Zucker
125 g gemahlene Haselnüsse
50 g geriebene Blockschokolade
1/2 Teel. Zimt
1 Eßl. Kakao

Vorbereitungszeit:
40 Minuten

Backzeit:
pro Blech etwa 15 Minuten

1 Das Mehl mit dem Zucker, der Zitronenschale, dem Ei und dem kleingeschnittenem Fett auf die Arbeitsfläche geben. Mit einem Messer durchhacken, dann mit den Händen rasch verkneten. In Folie gewickelt 1 Stunde kalt stellen.

2 Den Backofen auf 180° (Gas: Stufe 3) vorheizen. Das Backblech einfetten oder mit Backpapier belegen. Den Teig auf wenig Mehl 3 – 4 mm dick ausrollen. Beliebige Plätzchen ausstechen und auf das Blech legen. Im Backofen (Mitte) etwa 10 Minuten backen.

3 Die Aprikosenmarmelade erwärmen und nach Belieben mit dem Schnaps glattrühren. Die noch warmen Plätzchen damit bestreichen und jeweils zwei zusammensetzen. Abkühlen lassen und eventuell mit Puderzucker überstäuben.

4 Für die Hildabrötchen den Teig auf etwas Mehl 2–3 mm dick ausrollen. Runde Plätzchen (etwa 3,5 cm Ø) ausstechen und bei der Hälfte in der Mitte ein kleines Loch ausstechen. Gut eignet sich dafür ein Apfelausstecher.

5 Den Backofen auf 180° (Gas: Stufe 3) vorheizen. Das Blech einfetten oder mit Backpapier belegen. Die ganzen Plätzchen auf das Blech legen. In die Mitte jeweils einen kleinen Klecks Hagebuttenmarmelade geben.

6 Die Teigringe nun vorsichtig darauf legen. Die Hildabrötchen im Backofen (Mitte) in etwa 12 Minuten goldgelb backen.

7 Für die Nußplätzchen die Eiweiße steif schlagen. Den Zucker, die Haselnüsse, die Schokolade, den Zimt und den Kakao vermischen und unter den Eischnee heben. Den Backofen auf 180° (Gas: Stufe 3) vorheizen. Das Blech einfetten oder mit Backpapier belegen.

8 Den Teig auf wenig Mehl 3 – 4 mm dick ausrollen. Runde Plätzchen mit etwa 3,5 cm Ø ausstechen und auf das Blech legen. Mit zwei Teelöffeln kleine Häufchen von dem Belag jeweils in die Mitte setzen.

9 Die Nußplätzchen in den Backofen (Mitte) schieben und in etwa 15 Minuten goldbraun backen. Der Mürbeteig soll knusprig, der Belag ruhig noch etwas weich sein.

Rahmkringel

Zutaten für etwa 120 Stück:

Für den Teig:
300 g Mehl
1/2 Teel. Backpulver
150 g Zucker
1 Prise Salz
etwas geriebene Muskatnuß
abgeriebene Schale einer Zitrone
1 Eigelb
125 g kalte Butter oder Margarine
3 Eßl. saure Sahne

Zum Verzieren:
1 Eigelb ·1 Eßl. Milch
2 Eßl. Hagelzucker

Außerdem:
Fett oder Backpapier für das Backblech
Mehl zum Ausrollen

Vorbereitungszeit:
50 Minuten

Ruhezeit:
2 Stunden

Backzeit:
pro Blech etwa 18 Minuten

1 Das Mehl, das Backpulver, den Zucker und die Gewürze in eine Schüssel füllen. Das Ei, das kleingewürfelte Fett und die saure Sahne dazugeben. Alle Zutaten gründlich verkneten und zu einer Kugel formen. In Folie wickeln und mindestens 2 Stunden kaltstellen.

2 Den Backofen auf 180° (Gas: Stufe 3) vorheizen. Den Teig auf etwas Mehl 4 – 5 mm dick ausrollen.

3 Runde Plätzchen von etwa 4 cm Ø ausstechen. Jeweils in der Mitte noch ein pfenniggroßes Loch ausstechen. Die Kringel auf das vorbereitete Backblech legen.

4 Das Eigelb mit der Milch verquirlen und die Plätzchen damit bestreichen. Mit dem Hagelzucker bestreuen. Im Backofen (Mitte) in etwa 18 Minuten goldgelb backen.

Butter-Ausstecherle

Zutaten für etwa 80 Stück:

Für den Teig:
250 g Mehl
125 g Puderzucker
abgeriebene Schale einer halben Zitrone
1 Ei
150 g kalte Butter

Zum Verzieren:
125 g Puderzucker
2–3 Eßl. Zitronensaft, Rum oder Himbeersirup
nach Belieben Liebesperlen, Hagelzucker, Krokantstreusel oder Zuckerblümchen

Außerdem:
Fett oder Backpapier für das Backblech
Mehl zum Ausrollen

Vorbereitungszeit:
40 Minuten

Ruhezeit:
1 Stunde

Backzeit:
pro Blech etwa 10 Minuten

1 Das Mehl mit dem Puderzucker und der Zitronenschale auf die Arbeitsfläche häufen. Das Ei in die Mitte, die kleingeschnittene Butter rundherum verteilen. Alles mit einem großen Messer durchhacken, dann mit den Händen zu einem festen Teig verkneten. In Folie wickeln und mindestens 1 Stunde kaltstellen.

2 Den Backofen auf 180° (Gas: Stufe 3) vorheizen. Das Backblech einfetten oder mit Backpapier belegen. Den Teig auf etwas Mehl 3 – 4 mm dick ausrollen.

3 Beliebige Plätzchenformen (zum Beispiel: Engel, Sterne, Herzen, Tannenbäumchen) ausstechen und auf das Backblech legen. Im Backofen (Mitte) in etwa 10 Minuten goldgelb backen.

Pfaffenhütchen

4 Die Plätzchen dann auf ein Kuchengitter setzen und gut abkühlen lassen.

5 Für den Guß den Puderzucker mit Zitronensaft, Rum oder Himbeersirup dickflüssig rühren. Die Plätzchen damit bestreichen und die Glasur etwas antrocknen lassen. Dann nach Belieben mit Liebesperlen, Hagelzucker, Krokantstreuseln oder fertigen Zuckerblümchen verzieren.

Wichtig: Die Glasur darf nicht zu feucht sein, da sonst die Verzierung zu sehr einsinkt oder bei den Liebesperlen die Farbe ausläuft. Zu trocken darf sie aber auch nicht sein, da die Verzierung dann nicht mehr darauf haftet. Bestreichen Sie am besten immer etwa zehn Plätzchen hintereinander. Dann müßte der Guß der ersten Plätzchen soweit angetrocknet sein, daß Sie mit dem Bestreuen anfangen können.

Zutaten für etwa 40 Stück:

Für den Teig:
250 g Mehl
125 g Zucker
1 Päckchen Vanillinzucker
2 Eigelb
125 g kalte Butter oder Margarine

Für die Füllung:
1 Eiweiß
40 g Zucker
je 30 g gemahlene Haselnüsse und Mandeln
je 1 Prise Zimt und Nelken

Außerdem:
Fett oder Backpapier für das Backblech
1 Eiweiß zum Bestreichen
Mehl zum Ausrollen

Vorbereitungszeit:
1 Stunde

Ruhezeit:
1 Stunde

Backzeit:
pro Blech etwa 14 Minuten

1 Das Mehl mit dem Zucker und dem Vanillinzucker auf die Arbeitsfläche häufen. In die Mitte die Eigelbe geben, das kleingeschnittene Fett rundherum setzen. Alles mit einem Messer durchhacken, dann mit den Händen verkneten. Den Teig in Folie wickeln und mindestens 1 Stunde kalt stellen.

2 Den Backofen auf 180° (Gas: Stufe 3) vorheizen. Das Backblech einfetten oder mit Backpapier belegen. Die Eiweiße steif schlagen, den Zucker zugeben und kurz mitschlagen. Alle übrigen Zutaten unterheben.

3 Den Teig auf etwas Mehl 2 – 3 mm dick ausrollen. Runde Plätzchen mit etwa 7 cm Ø ausstechen. Jeweils ein haselnußgroßes Häufchen der Füllung in die Mitte setzen.

4 Den Rand jeweils mit Eiweiß bestreichen. Den Teig an drei Seiten hochklappen und in der Mitte fest zusammendrücken, so daß Hütchen entstehen. Im Backofen (Mitte) etwa 14 Minuten backen.

Alles aus Rührteig

Rühren hört sich nach Arbeit an, nach riesigen Teigschüsseln in Großmutters Schoß. Doch was früher sehr mühsam war, wird heute rasch von Maschinen erledigt. Deshalb sind die folgenden Rührteigplätzchen auch ganz unkompliziert zu backen.

Heidesand

Zutaten für etwa 50 Stück:

<u>Für den Teig:</u>
250 g weiche Butter oder Margarine
80 g Zucker
50 g Puderzucker
1 Päckchen Vanillezucker
125 g geschälte und gemahlene Mandeln
400 g Mehl

<u>Zum Wälzen:</u>
3 Eßl. Zucker
1 Päckchen Vanillezucker

<u>Außerdem:</u>
Fett oder Backpapier für das Backblech
Mehl zum Formen des Teiges

<u>Vorbereitungszeit:</u>
45 Minuten

<u>Backzeit:</u>
pro Blech etwa 20 Minuten

<u>Fertigstellung:</u>
15 Minuten

Tips:
Sie können den Rührteig auch in der Küchenmaschine zubereiten. Gerade das Schaumigschlagen des Fetts braucht seine Zeit, da ist die selbsttätige Maschine besonders praktisch. Aber: Mandeln und Mehl wirklich nur mit einem Rührlöffel und von Hand unter den Teig rühren. Denn durch zu starkes Rühren wird der Teig seifig und klebrig und läßt sich dann nicht mehr gleichmäßig formen.

Einen ganz besonderen Geschmack bekommt der Heidesand, wenn Sie die Butter (jedoch nur die Butter und nicht die Margarine) vorher erwärmen und leicht braun werden lassen. Dann kalt stellen (mindestens 1 Stunde) und anschließend wie im Rezept beschrieben cremig aufschlagen.

Die Heidesandplätzchen noch warm in der Zuckermischung wälzen; sie bleibt sonst nicht richtig daran haften.

Verwenden Sie vor allem zum Wälzen echten Vanillezucker. Sie bekommen ihn in gut sortierten Backabteilungen oder im Reformhaus.

1 Die Butter oder Margarine schon 1 – 2 Stunden vor dem Backen aus dem Kühlschrank nehmen. Kaltes und festes Fett läßt sich nämlich schlecht für einen Rührteig verarbeiten. Die übrigen Zutaten ebenfalls bereit stellen.

2 Das Fett grob zerteilen und in eine Schüssel geben. Mit dem Schneebesen des Handrührers zuerst auf niedriger, dann auf höchster Stufe schlagen, bis das Fett schaumig geworden ist.

3 Den Zucker langsam einrieseln lassen, den Puderzucker dazusieben, damit sich keine Klümpchen bilden. Den Vanillezucker zufügen und weiterschlagen, bis die Masse ganz hell und cremig ist.

4 Zuerst die gemahlenen Mandeln, dann das Mehl auf die Teigmasse häufen und mit einem Rührlöffel zügig unterrühren. Dabei soviel Mehl unter den Teig arbeiten, daß er nicht mehr klebt und sich leicht formen läßt.

5 Das Backblech einfetten oder mit Backpapier belegen. Den Backofen auf 150° (Gas: Stufe 2) vorheizen. Mit einem Teelöffel knapp walnußgroße Teigstücke abstechen. Die Hände leicht mit Mehl bestäuben und die Teigstücke zu Kugeln rollen.

6 Die Teigkugeln an der Unterseite etwas flach drükken und auf das vorbereitete Blech setzen. Nach Belieben zusätzlich mit einer in Mehl getauchten Gabel ein Muster auf die Oberfläche drücken. Den Heidesand in den Backofen (Mitte) schieben und etwa 20 Minuten backen.

7 In der Zwischenzeit den Zuckerüberzug vorbereiten. Dafür in einem tiefen Teller den Zucker und den Vanillezucker gut vermischen. Eventuelle Reste hinterher nicht wegschütten, sondern für ein anderes Rezept oder ein Dessert verwenden.

8 Den Heidesand so lange backen, bis er außen schön goldgelb ist. Beim Anbrechen darf in der Mitte noch ein kleiner weicher Kern sein. Die Plätzchen garen noch etwas nach und bleiben so schön zart. Die Plätzchen heiß vom Blech lösen, sofort umgedreht in die Zuckermischung legen und ganz leicht eindrücken. Dann herausheben und auf ein Kuchengitter setzen. Den Heidesand vollkommen auskühlen lassen und in gut schließenden Dosen aufbewahren.

Schokotaler

Zutaten für etwa 50 Stück:

Für den Teig:
125 g weiche Butter oder Margarine
90 g brauner Zucker
je 2 Prisen Nelken und Zimt
4 Tropfen Bittermandelöl
125 g Schokolade
125 g Mehl
65 g Speisestärke
65 g gemahlene Mandeln

Für die Glasur:
150 g dunkle Kuvertüre oder Schokoladenglasur

Außerdem:
Mehl zum Formen des Teiges
Fett oder Backpapier für das Backblech

Vorbereitungszeit:
30 Minuten

Ruhezeit:
1 Stunde

Backzeit:
pro Blech etwa 10 Minuten

Fertigstellung:
20 Minuten

1 Das Fett schaumig schlagen. Die Schokolade in Stücke brechen, im Wasserbad schmelzen und mit dem Zucker und den Gewürzen unterrühren.

2 Das Mehl, die Speisestärke und die Mandeln unter die Creme rühren. Die Hände mit Mehl bestäuben und den Teig zu Rollen mit etwa 3 cm Ø formen. In Folie wikkeln und kalt stellen.

3 Den Backofen auf 180 – 190° (Gas: Stufe 4) vorheizen. Von den Rollen fingerdicke Scheiben abschneiden und auf das vorbereitete Blech legen.

4 Die Schokotaler im Backofen (Mitte) etwa 10 Minuten backen. Die Kuvertüre zerbröckeln und im Wasserbad schmelzen. Die Plätzchen zur Hälfte darin eintauchen.

Früchtetaler

Zutaten für etwa 50 Stück:

Für den Teig:
125 g weiche Butter oder Margarine
100 g brauner Zucker
1 Päckchen Vanillinzucker
abgeriebene Schale einer halben Zitrone
1 Prise Salz
2 Eier
150 g Mehl
75 g gemahlene Haselnüsse
100 g feingewürfelte kandierte Früchte

Für die Glasur:
150 g Puderzucker
3 – 4 Eßl. Zitronensaft

Außerdem:
Fett oder Backpapier für das Backblech

Vorbereitungszeit:
50 Minuten

Backzeit:
pro Blech etwa 10 Minuten

Fertigstellung:
20 Minuten

1 Das Fett schaumig schlagen. Den Zucker, den Vanillinzucker, die Zitronenschale, das Salz und die Eier zufügen. Alles zu einer hellen Creme schlagen. Das Mehl, die Nüsse und die Früchte mit einem Rührlöffel untermischen.

2 Den Backofen auf 200° (Gas: Stufe 4) vorheizen. Von dem Teig mit zwei Teelöffeln etwa walnußgroße Häufchen auf das vorbereitete Blech setzen, dabei 2 – 3 cm Abstand lassen.

3 Die Früchtetaler im Backofen (Mitte) in etwa 10 Minuten goldgelb backen. Dann auskühlen lassen.

4 Für die Glasur den Puderzucker mit soviel Zitronensaft glattrühren, daß ein dickflüssiger Guß entsteht. Die Plätzchen damit bestreichen und trocknen lassen.

Vanilleseufzer

Zutaten für etwa 80 Stück:

Für den Teig:
125 g weiche Butter oder Margarine
100 g Puderzucker
2 Päckchen Vanillezucker
1 Eiweiß
100 g Speisestärke
125 g Mehl

Zum Bestäuben:
3 Eßl. Puderzucker

Außerdem:
Mehl zum Formen des Teiges
Fett oder Backpapier für das Backblech

Vorbereitungszeit:
40 Minuten

Backzeit:
pro Blech etwa 12 Minuten

Fertigstellung:
5 Minuten

1 Das Fett schaumig schlagen. Den Puderzucker mit dem Vanillezucker zugeben und weiterschlagen, bis eine schaumige Creme entstanden ist.

2 Das Eiweiß unterrühren. Die Speisestärke und das Mehl mit einem Rührlöffel unter die Creme arbeiten.

3 Den Backofen auf 180° (Gas: Stufe 3) vorheizen. Aus dem Teig mit bemehlten Händen gut haselnußgroße Kugeln formen, diese dann ein wenig zusammendrücken, so daß ovale Plätzchen entstehen. Auf das vorbereitete Blech setzen und etwas flach drükken.

4 Die Vanilleseufzer im Backofen (Mitte) in etwa 12 Minuten hell backen. Die ausgekühlten Plätzchen mit Puderzucker überstäuben.

Rosinenplätzchen

Zutaten für etwa 50 Stück:

Für den Teig:
100 g Rosinen
3 Eßl. Rum oder 2 Eßl. heißes Wasser
125 g weiche Butter oder Margarine
125 g Zucker
abgeriebene Schale einer halben Zitrone
2 Eier
200 g Mehl
1/2 Teel. Backpulver
50 g gemahlene Mandeln oder Haselnüsse

Außerdem:
Fett oder Backpapier für das Backblech

Vorbereitungszeit:
30 Minuten

Backzeit:
pro Blech etwa 10 Minuten

1 Die Rosinen 10 –15 Minuten in der Flüssigkeit ziehen lassen.

2 Das Fett schaumig schlagen. Den Zucker, die Zitronenschale und die Eier zufügen und weiterschlagen, bis die Creme schaumig ist.

3 Das Mehl mit dem Backpulver mischen und mit einem Rührlöffel unter die Creme heben. Dann die Mandeln oder Haselnüsse und die Rosinen dazugeben.

4 Den Backofen auf 180° (Gas: Stufe 3) vorheizen. Mit zwei Teelöffeln knapp walnußgroße Häufchen auf das vorbereitete Blech setzen. Dabei etwas Abstand lassen.

5 Die Rosinenplätzchen im Backofen (Mitte) in etwa 10 Minuten goldgelb backen.

Vanillekipferln

Zutaten für etwa 70 Stück:

Für den Teig:
140 g weiche Butter oder Margarine
100 g Zucker
1 Vanilleschote
2 Eigelb
200 g Mehl
100 g geschälte und gemahlene Mandeln

Für die Zuckerkruste:
1 Eßl. Zucker
2 Eßl. Puderzucker

Außerdem:
Mehl zum Formen des Teiges
Fett oder Backpapier für das Backblech

Vorbereitungszeit:
1 Stunde

Ruhezeit:
1 Stunde

Backzeit:
pro Blech etwa 12 Minuten

Fertigstellung:
20 Minuten

1 Für die Vanillekipferln das Fett schaumig schlagen und den Zucker einrieseln lassen. Die Vanilleschote längs aufschlitzen. Die Hälfte des Marks herausschaben und dazugeben. Die Eigelbe unterheben und alles zu einer cremigen Masse schlagen.

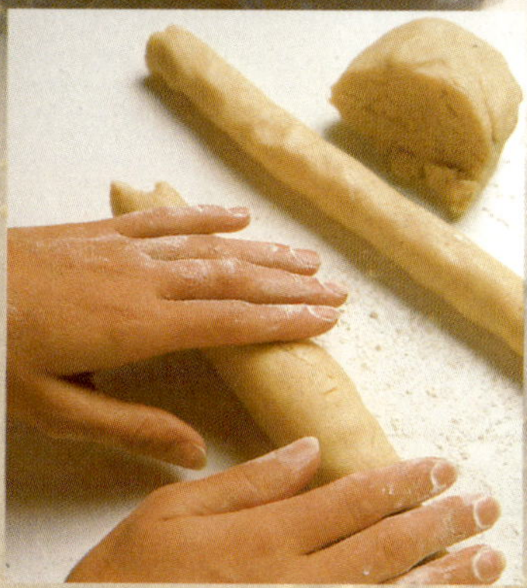

2 Das Mehl und die Mandeln unterrühren. Den Teig mit bemehlten Händen zu drei Rollen mit etwa 2 cm Ø formen. In Folie wickeln und 1 Stunde kalt stellen.

3 Den Backofen auf 180° (Gas: Stufe 3) vorheizen. Das Backblech einfetten oder mit Backpapier belegen. Von dem Teig knapp fingerdicke Scheiben abschneiden. Mit bemehlten Händen zu kleinen Würsten mit spitz zulaufenden Enden rollen. Diese dann zu Hörnchen formen und auf das Blech legen. In den Backofen (Mitte) schieben und etwa 12 Minuten backen. Die Kipferln sollen hell bleiben.

4 In der Zwischenzeit das restliche Mark aus der Vanilleschote schaben. Mit dem Zucker und dem Puderzucker vermischen. Die Kipferln noch heiß darin wälzen. Auf ein Kuchengitter setzen und abkühlen lassen.

Varianten

Haselnußkipferln

Zutaten für etwa 70 Stück:

Teig wie oben; aber statt der Mandeln 100 g gemahlene und geröstete Haselnüsse

Zeiten wie oben

Schokoladekipferln

Zutaten für etwa 70 Stück:

Teig wie oben; zusätzlich 100 g geriebene Bitterschokolade und 2 Eßl. Rum

Zum Verzieren:
100 g dunkle Kuvertüre

Zeiten wie oben

Zimtbrezeln

Zutaten für etwa 60 Stück:

Teig wie oben; aber statt der Mandeln 100 g Mehl und 1 Teel. Zimt

Für die Glasur:
100 g Puderzucker
2 Eßl. Rum oder heißes Wasser

Zeiten wie oben

5 Für die Haselnußkipferln die Haselnüsse in eine Pfanne geben und anrösten. Die Nüsse auf Folie schütten und abkühlen lassen. Den Teig dann genauso wie für die Vanillekipferln zubereiten und backen.

6 Für die Schokoladekipferln die Schokolade auf einer Gemüsereibe grob reiben (oder im elektrischen Zerhacker grob zerkleinern). Den Teig dann wie für die Vanillekipferln zubereiten und backen. Fertige Kipferln in die geschmolzene Kuvertüre tauchen.

7 Für die Zimtbrezeln den Teig wie für die Vanillekipferln zubereiten. Nach dem Kaltstellen von den Rollen 1 1/2 cm dicke Scheiben abschneiden. Zu 10 cm langen Würsten rollen, diese dann zu Brezeln formen, die Enden dabei gut festdrücken.

8 Die Brezeln wie die Vanillekipferln backen, dann abkühlen lassen. Für die Glasur den Puderzucker mit dem Rum oder dem heißen Wasser glattrühren. Die Brezeln damit bestreichen, danach auf ein Kuchengitter setzen und trocknen lassen.

Spritzgebäck

Zutaten für etwa 80 Stück:

Für den Teig:
175 g weiche Butter oder Margarine
225 g Zucker
1 Päckchen Vanillinzucker
abgeriebene Schale von einer unbehandelten Orange
3 Eier
400 g Mehl
1 Teel. Backpulver
je 1 Prise Muskatblüte und Zimt

Zum Verzieren:
100 g Schokoladenglasur

Außerdem:
Fett oder Backpapier für das Backblech

Vorbereitungszeit:
50 Minuten

Backzeit:
pro Blech etwa 15 Minuten

Fertigstellung:
15 Minuten

1 Das Fett schaumig schlagen. Den Zucker, den Vanillinzucker, die Orangenschale und die Eier dazugeben.

2 Das Mehl, das Backpulver und die Gewürze mischen und mit einem Rührlöffel unter den Teig rühren. In eine Gebäckspritze oder einen Spritzbeutel mit Rosettentülle füllen.

3 Den Backofen auf 180° (Gas: Stufe 3) vorheizen. Das Backblech vorbereiten. Den Teig als kleine Kringel auf das Blech spritzen. Im Backofen (Mitte) in etwa 15 Minuten goldgelb backen.

4 Die Schokoladenglasur im Wasserbad schmelzen. In eine kleine Plastiktüte füllen. An einer Ecke der Tüte eine kleine Spitze abschneiden.

5 Die Kringel dicht nebeneinander legen und mit feinen Schokolinien bespritzen.

Gewürzschnitten

Zutaten für etwa 30 Stück:

Für den Teig:
125 g weiche Butter oder Margarine
100 g Zucker
1 Päckchen Vanillinzucker
abgeriebene Schale einer halben Zitrone
2 Eier
125 g Mehl
1 Teel. Backpulver
75 g geriebene Schokolade
1/2 Teel. Zimt
je eine gute Prise gemahlene Nelken und Muskatblüte
60 ccm Rotwein

Für die Glasur:
100 g Puderzucker
2-3 Eßl. Zitronensaft
50 g Haselnußkrokant

Vorbereitungszeit:
30 Minuten

Backzeit:
etwa 25 Minuten

Fertigstellung:
30 Minuten

1 Das Fett in einer Schüssel mit dem Schneebesen des Handrührers (oder in der Küchenmaschine) schaumig schlagen. Den Zucker, den Vanillinzucker, die Zitronenschale und die Eier zufügen und alles zu einer hellen Creme schlagen.

2 In einer zweiten Schüssel das Mehl, das Backpulver, die Schokolade und die Gewürze gut vermischen. Abwechselnd mit dem Rotwein mit einem Rührlöffel unter die Creme rühren, bis sich alle Zutaten gut verbunden haben.

3 Den Backofen auf 200° (Gas: Stufe 4) vorheizen. Das Backblech mit einem dicken Streifen Alufolie auf 25 x 25 cm Größe verkleinern. Das Blech dann einfetten oder mit Backpapier auslegen.

4 Den Teig einfüllen und glattstreichen. Vorher den Teigschaber oder einen großen

Löffel kurz mit kaltem Wasser abspülen, damit sich der Teig gut verstreichen läßt.

5 Das Blech in den Backofen (Mitte) schieben und den Teig etwa 25 Minuten backen. Dann die Teigplatte aus dem Blech lösen oder stürzen und auf einem Kuchengitter abkühlen lassen.

6 Für die Glasur den Puderzucker mit soviel Zitronensaft glattrühren, daß ein dickflüssiger Guß entsteht. Die Teigplatte damit bestreichen. Mit dem Haselnußkrokant bestreuen und trocknen lassen. Dann in Dreiecke mit etwa 6 cm Kantenlänge schneiden. Gut in Folie verpacken, damit die Gewürzschnitten nicht austrocknen.

Brownies

Zutaten für etwa 40 Stück:

<u>Für den Teig:</u>
100 g Zartbitterschokolade
100 g Walnußkerne
100 g weiche Butter oder Margarine
125 g Zucker
1 Päckchen Vanillinzucker
6 Eigelb
2 Eßl. Kakao
100 g Mehl
6 Eiweiß

<u>Für die Glasur:</u>
200 g Vollmilch-Kuvertüre
nach Belieben 3 Eßl. Schokoladenstreusel oder feingehackte Walnußkerne

<u>Vorbereitungszeit:</u>
1 Stunde

<u>Backzeit:</u>
etwa 45 Minuten

<u>Fertigstellung:</u>
30 Minuten

1 Die Schokolade in kleine Stücke brechen, im heißen Wasserbad schmelzen und abkühlen lassen. Die Walnüsse grob hacken. Den Backofen auf 180° (Gas: Stufe 3) vorheizen. Das Backblech mit einem Streifen Alufolie auf etwa 20 x 30 cm Größe verkleinern. Das Blech einfetten oder mit Backpapier belegen.

2 In einer Schüssel die Butter oder Margarine mit den Schneebesen des Handrührers schaumig schlagen. Den Zucker, den Vanillinzucker und die Eigelbe zufügen und alles zu einer cremigen Masse schlagen. Die geschmolzene Schokolade und die gehackten Walnüsse unterrühren.

3 Den Kakao und das Mehl mischen und auf die Creme geben. Die Eiweiße steif schlagen und darauf häufen. Alles mit einem Rührlöffel oder Teigschaber sorgfältig unterheben.

4 Den Teig auf das Blech geben und glattstreichen. In den Backofen (Mitte) schieben und etwa 45 Minuten backen.

5 Die Teigplatte auf ein Kuchengitter stürzen und abkühlen lassen. Die Kuvertüre in kleine Stücke schneiden und im heißen Wasserbad schmelzen.

6 Die Teigplatte mit der Kuvertüre bestreichen. Nach Belieben mit den Schokostreuseln oder Walnüssen bestreuen. Der Guß muß noch ein bißchen feucht sein, sonst bleibt die Verzierung nicht richtig haften.

7 Die Teigplatte dann in etwa 4 cm große Würfel schneiden. Die Brownies gut in Folie verpacken, damit sie nicht austrocknen.

Feines Makronengebäck

Die luftigen Eiweiß-Plätzchen könnte man auch als die Wölkchen im Plätzchenhimmel bezeichnen. Leicht und knusprig lockern Makronen das Gebäckangebot auf.

Schoko-Mandel-Makronen

Zutaten für etwa 80 Stück:

Für den Teig:
3 Eiweiß
200 g Puderzucker
1 Teel. Zitronensaft
150 g gemahlene Mandeln
100 g geriebene Zartbitterschokolade
abgeriebene Schale einer Zitrone
2 Eßl. Kakao
1 Messerspitze Zimt

Zum Verzieren:
etwa 40 geschälte Mandeln

Außerdem:
Fett oder Backpapier für das Backblech

Vorbereitungszeit:
40 Minuten

Backzeit:
pro Blech etwa 20 Minuten

Tips:
Wenn Sie keine fertig gemahlenen Mandeln verwenden, dann sollten Sie diese als erstes mahlen. Denn die geschlagene Schneemasse darf nicht zu lange stehen, da sie sonst zusammenfällt.

Ebenso sollten Sie die Schokolade schon gerieben bereitstellen. Zum Reiben nehmen Sie am besten eine feine Rohkostreibe.

Sie können aber auch Mandeln und Schokolade (vorher etwas zerbröckeln) mischen und zusammen im elektrischen Zerkleinerer fein mahlen. Das geht recht gut, denn durch den Mandelanteil läßt sich auch die Schokolade zerkleinern. Pur läßt sie sich nur sehr schwer in der Maschine zerkleinern, da sie zu schnell warm wird und schmilzt.

1 Für die Makronenmasse wiegen Sie die Eiweiße am besten ab. Ein Eiweiß sollte etwa 40 g wiegen. Das entspricht Eiern der Gewichtsklasse 3. Bei zuviel Eiweiß kann der Teig zu flüssig, bei zuwenig Eiweiß zu fest werden.

2 Die Eiweiße in eine hohe Schüssel geben und mit den Schneebesen des Handrührers (oder in der Küchenmaschine) steif schlagen. Der Eischnee muß so fest sein, daß ein Messerschnitt sichtbar bleibt.

3 Den Puderzucker eßlöffelweise durch ein Sieb dazugeben. Die Masse dabei auf niedrigster Stufe weiterschlagen. Zwischendurch immer wieder einige Tropfen Zitronensaft zufügen.

4 Die Mandeln mit der geriebenen Schokolade und den Gewürzen gut vermischen. Dies geht am besten mit einer Gabel. Besonders bei vakuumverpackten Mandeln darauf achten, daß sie nicht mehr zusammenklumpen.

5 Die Mischung dann in kleinen Portionen zur Eischneemasse geben und mit einem Teigspatel oder breitem Rührlöffel zügig unterheben. Dabei die Schneemasse immer vorsichtig vom Schüsselboden heben und obenauf häufen.

6 Auf diese Weise die ganze Mandel-Schoko-Mischung unter die Schneemasse heben, bis sich alle Zutaten gut verbunden haben. Den Backofen auf 160° (Gas: Stufe 2) vorheizen. Das Backblech einfetten oder mit Backpapier belegen.

7 Mit zwei Teelöffeln etwa kirschgroße Häufchen auf das vorbereitete Blech setzen. Zwischen den Häufchen etwas Abstand lassen, denn die Makronen laufen beim Backen ein wenig auseinander.

8 Die Mandeln halbieren. Dazu mit einem kleinen Küchenmesser an der Spitze ansetzen und den Mandelkern entlang seiner natürlichen Naht trennen. Jede Makrone mit einer Mandelhälfte verzieren.

9 Die Makronen in den vorgeheizten Backofen (Mitte) schieben und in etwa 20 Minuten hellbraun backen. Die Makronen dürfen in der Mitte noch einen weichen Kern haben. Sie garen noch nach und werden beim Auskühlen fester.

Zitrusmakronen

Zutaten für etwa 50 Stück:

Für den Teig:
2 Eiweiß
150 g Puderzucker
je 1 Teel. Orangen- und Zitronensaft
abgeriebene Schale je einer halben unbehandelten Orange und Zitrone
100 g geschälte und gemahlene Mandeln
50 g gehacktes Zitronat

Zum Verzieren:
125 g Puderzucker
2 – 3 Eßl. Orangensaft

Außerdem:
Fett oder Backpapier für das Backblech

Vorbereitungszeit:
30 Minuten

Backzeit:
pro Blech etwa 20 Minuten

Fertigstellung:
20 Minuten

1 Die Eiweiße steif schlagen. Den Puderzucker nach und nach dazusieben und den Saft zufügen. Die Masse ständig weiterschlagen, bis sie matt glänzt.

2 Die Orangen- und Zitronenschale, die Mandeln und das Zitronat unter die Masse heben. Den Backofen auf 160° (Gas: Stufe 2) vorheizen. Das Backblech einfetten oder mit Backpapier belegen.

3 Von dem Teig mit zwei Teelöffeln kleine Häufchen auf das Blech setzen. In den Backofen (Mitte) schieben und etwa 20 Minuten backen. Auf ein Kuchengitter setzen und abkühlen lassen.

4 Den Puderzucker mit soviel Orangensaft glattrühren, daß ein dickflüssiger Guß entsteht. In eine Spritztüte mit ganz feiner Lochfülle füllen. Die Makronen mit feinen Glasurlinien bespritzen.

Mokkanüsse

Zutaten für etwa 100 Stück:

Für den Teig:
3 Eiweiß
200 g Zucker
1 Teel. Zitronensaft
100 g gemahlene Haselnüsse
120 g gemahlene Mandeln
2 Eßl. gemahlener Kaffee (kein Instant-Kaffee!)

Für die Füllung:
50 g bittere Schokolade
50 g weiche Butter
1 Eigelb
75 g Puderzucker
2 Eßl. starker aufgebrühter Kaffee oder Kaffeelikör
1–2 Eßl. gemahlene Mandeln

Außerdem:
Fett oder Backpapier für das Backblech

Vorbereitungszeit:
45 Minuten

Backzeit:
pro Blech etwa 15 Minuten

Fertigstellung:
40 Minuten

1 Die Eiweiße in einer Schüssel mit den Schneebesen des Handrührers (oder in der Küchenmaschine) steif schlagen. Den Zucker nach und nach dazurieseln lassen. Zwischendurch den Zitronensaft tropfenweise zufügen. Die Masse so lange schlagen, bis sich der Zucker fast aufgelöst hat.

2 Die Haselnüsse, die Mandeln und den Kaffee vermischen. Nach und nach unter den Eischnee ziehen. Das Backblech einfetten oder mit Backpapier belegen. Den Backofen auf 160° (Gas: Stufe 2) vorheizen.

3 Den Teig in einen Spritzbeutel mit großer Lochtülle füllen und haselnußgroße Häufchen auf das Blech spritzen. Sie können die Häufchen auch mit zwei Teelöffeln auf das Blech setzen. Das geht genauso gut, dauert nur etwas länger.

Walnußhäufchen

4 Die Makronen in den Backofen (Mitte) schieben und etwa 15 Minuten backen. Auf ein Kuchengitter setzen und abkühlen lassen.

5 Die Schokolade zerbröckeln und im Wasserbad schmelzen. Beiseite stellen und abkühlen lassen.

6 Die Butter schaumig rühren. Das Eigelb, den gesiebten Puderzucker und den Kaffee oder Kaffeelikör zufügen. Alles zu einer cremigen Masse schlagen. Die Schokolade unterrühren. Soviel Mandeln einrühren, daß die Creme schön streichfähig bleibt.

7 Jeweils zwei Makronen mit etwas Creme bestreichen und zusammensetzen. Die Makronen in einer gut schließenden Dose möglichst kühl aufbewahren.

Zutaten für etwa 80 Stück:

Für den Teig:
3 Eiweiß
200 g Puderzucker
1 Prise Salz
1 Teel. Zitronensaft
200 g gemahlene Walnüsse
je 1 Prise gemahlener Zimt und Nelken

Zum Verzieren:
100 g dunkle Kuvertüre
30 g Walnußkerne

Außerdem:
etwa 80 Backoblaten mit 3 cm Ø

Vorbereitungszeit:
45 Minuten

Backzeit:
pro Blech 20 Minuten

Fertigstellung:
20 Minuten

1 Die Eiweiße in einer Schüssel mit den Schneebesen des Handrührers (oder in der Küchenmaschine) sehr steif schlagen.

2 Den Puderzucker nach und nach dazusieben. Dabei auch das Salz und den Zitronensaft zufügen. Die Masse weiterschlagen, bis sie matt glänzt und weiche Spitzen bildet.

3 Die Walnußkerne und die Gewürze sorgfältig unterheben. Das Backblech mit den Oblaten auslegen. Den Backofen auf 160° (Gas: Stufe 2) vorheizen.

4 Mit zwei Teelöffeln kleine Häufchen auf die Oblaten setzen. Die Makronen in den Backofen (Mitte) schieben und etwa 20 Minuten backen.

5 Die Kuvertüre zerbröckeln und im Wasserbad schmelzen. Die Walnußkerne grob hacken.

6 Jede Makrone mit einem Klecks Kuvertüre verzieren und mit den Walnußkernen bestreuen.

Tips:
Da die Walnußkerne sehr intensiv im Geschmack und auch teuer sind, können Sie die Hälfte der Nüsse auch durch gemahlene Haselnüsse ersetzen. Die Makronen schmecken dann etwas milder.

Falls Sie keine Backoblaten mögen, können Sie die Makronen auch direkt auf dem gefetteten oder mit Backpapier belegten Blech backen.

Amaretti

Zutaten für etwa 40 Stück:

Für den Teig:
3 Eiweiß
300 g geschälte und gemahlene Mandeln
3 geschälte und gemahlene Bittermandeln (gibt es in der Apotheke) oder 8 Tropfen Bittermandelöl
300 g Zucker

Zum Bestäuben:
50 g Puderzucker

Außerdem:
Fett oder Backpapier für das Backblech

Vorbereitungszeit:
30 Minuten

Backzeit:
pro Blech etwa 25 Minuten

Fertigstellung:
5 Minuten

1 Die Eiweiße in einer Schüssel mit den Schneebesen des Handrührers (oder in der Küchenmaschine) steif schlagen. Die Mandeln mit den Bittermandeln oder dem Öl und dem Zucker unter den Eischnee heben.

2 Den Backofen auf 160° (Gas: Stufe 2) vorheizen. Das Backblech vorbereiten. Aus dem Teig walnußgroße Kugeln formen, ein wenig flach drücken und auf das Blech legen. Etwas Abstand lassen, denn die Amaretti laufen beim Backen auseinander.

3 Die Makronen in den Backofen (Mitte) schieben und etwa 25 Minuten backen. Dick mit Puderzucker überstäuben, dann auf ein Kuchengitter setzen und abkühlen lassen.

Pinienseufzer

Zutaten für etwa 70 Stück:

Für den Teig:
200 g geschälte Mandeln
100 g Pinienkerne
300 g Zucker
1 Prise Salz
2 Eiweiß
abgeriebene Schale einer Zitrone

Außerdem:
Fett oder Backpapier für das Backblech

Vorbereitungszeit:
30 Minuten

Backzeit:
pro Blech etwa 10 Minuten

1 Je die Hälfte der Mandeln und Pinienkerne im elektrischen Zerkleinerer oder in der Mandelmühle fein mahlen. Die übrigen Mandeln und Pinienkerne grob hacken.

2 Alle Pinienkerne und Mandeln mit dem Zucker und dem Salz vermischen. Die Eiweiße mit einer Gabel verquirlen und zusammen mit der Zitronenschale untermischen. Den Backofen auf 180° (Gas: Stufe 3) vorheizen. Das Backblech vorbereiten.

3 Von dem Teig mit zwei Teelöffeln kleine Häufchen auf das Blech setzen. Etwas Abstand lassen, da die Makronen beim Backen auseinanderlaufen.

4 Die Makronen in den Backofen (Mitte) schieben und in etwa 10 Minuten hell backen. Vorsichtig vom Blech lösen und auf einem Kuchengitter auskühlen lassen.

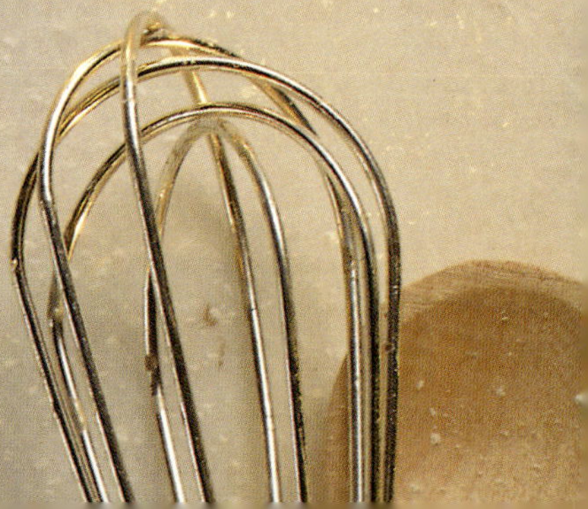

Pistazienmakronen

Zutaten für etwa 50 Stück:

Für den Teig:
2 Eiweiß
1 Prise Salz
140 g Zucker
100 g geschälte und gemahlene Mandeln
60 g gemahlene Pistazien
1 Teel. Zitronensaft

Zum Verzieren:
100 g dunkle Kuvertüre
40 g gehackte Pistazien

Außerdem:
Fett oder Backpapier für das Backblech

Vorbereitungszeit:
35 Minuten

Backzeit:
pro Blech etwa 15 Minuten

Fertigstellung:
20 Minuten

1 Die Eiweiße mit dem Salz in einer Schüssel mit den Schneebesen des Handrührers (oder in der Küchenmaschine) steif schlagen. Zwischendurch den Zucker einrieseln lassen.

2 Die Mandeln mit den Pistazien vermischen und mit dem Zitronensaft unter die Schneemasse heben.

3 Den Backofen auf 150° (Gas: Stufe 2) vorheizen. Das Backblech vorbereiten. Von dem Teig mit zwei Teelöffeln kleine Häufchen auf das Blech setzen. Etwas Abstand lassen, denn die Makronen laufen beim Backen auseinander.

4 Die Makronen in den Backofen (Mitte) schieben und in etwa 15 Minuten hell backen. Auf ein Kuchengitter setzen und abkühlen lassen.

5 Die Kuvertüre zerbröckeln und im Wasserbad schmelzen. Die Makronen zur Hälfte eintauchen und mit den gehackten Pistazien bestreuen. Trocknen lassen.

Dattelmakronen

Zutaten für etwa 40 Stück:

Für den Teig:
100 g getrocknete und entkernte Datteln
2 Eiweiß
150 g Puderzucker
150 g Mandelstifte
abgeriebene Schale einer halben Zitrone

Außerdem:
etwa 50 Backoblaten mit 4 cm Ø

Vorbereitungszeit:
40 Minuten

Backzeit:
pro Blech etwa 20 Minuten

1 Die Datteln in möglichst feine Streifen schneiden. Die Eiweiße mit den Schneebesen des Handrührers (oder in der Küchenmaschine) steif schlagen.

2 Den Puderzucker eßlöffelweise dazusieben und mit einem Teigspatel oder einem breiten Rührlöffel unterziehen. Die Datteln mit den Mandeln vermischen und mit der Zitronenschale unter die Schneemasse heben.

3 Den Backofen auf 120° (Gas: Stufe 1) vorheizen. Das Backblech mit den Oblaten belegen. Mit zwei Teelöffeln kleine Häufchen von dem Teig auf die Oblaten setzen. In den Backofen (Mitte) schieben und in etwa 20 Minuten backen.

Witwenküsse

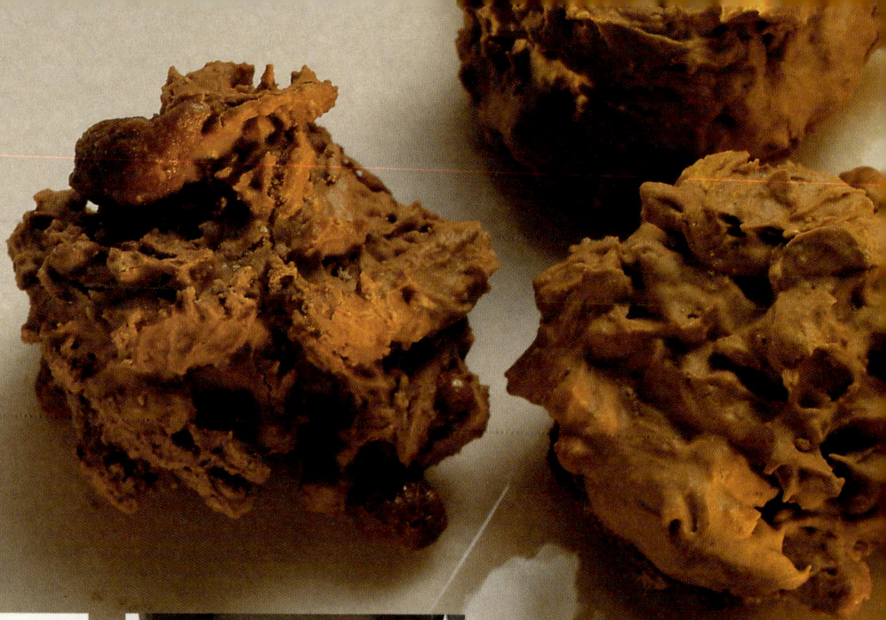

Zutaten für etwa 60 Stück:

Für den Teig:
2 Eiweiß
150 g Zucker
125 g Mandelstifte
125 g Bitterschokolade

Außerdem:
Fett oder Backpapier für das Backblech

Vorbereitungszeit:
50 Minuten

Backzeit:
pro Blech etwa 15 Minuten

Varianten

Nußbusserln

Zutaten für etwa 60 Stück:

Für den Teig:
2 Eiweiß
125 g Zucker
150 g gemahlene Haselnüsse
abgeriebene Schale einer halben Zitrone
1/2 Teel. Zimt

Zum Verzieren:
etwa 60 ganze Haselnußkerne

Vorbereitungszeit:
40 Minuten

Backzeit:
pro Blech etwa 15 Minuten

Kokosplätzchen

Zutaten für etwa 60 Stück:

Für den Teig:
2 Eiweiß
125 g Zucker
150 g Kokosraspeln
1 Teel. Zitronensaft
1 Prise Zimt

Für die Füllung:
100 g Johannisbeer- oder Kirschmarmelade

Vorbereitungszeit:
50 Minuten

Backzeit:
pro Blech etwa 15 Minuten

1 Für die Zubereitung am besten eine Metallschüssel mit rundem Boden verwenden; darin kann nichts an den Kanten ansetzen, und sie leitet die Hitze gut. Die Schüssel zuerst auf einen Gummiring oder in einer kleineren Schüssel auf die Arbeitsfläche stellen.

2 Die Eiweiße mit den Schneebesen des Handrührers steif schlagen. Den Zucker langsam dazurieseln lassen, einen Eßlöffel davon zurückbehalten. Dabei ständig weiterschlagen, bis die Masse matt glänzt und weiche Spitzen bildet.

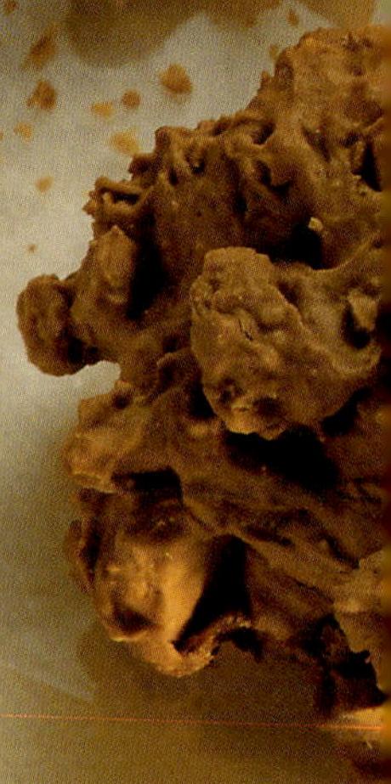

3 Die Mandelstifte auf einem Blech ausbreiten und mit dem restlichen Zucker bestreuen. Den Backofen auf 250° einstellen. Die Mandeln darin goldbraun rösten. Herausnehmen und auf eine Folie schütten.

4 Die Schokolade auf der feinen Seite einer Gemüsereibe raspeln. Die Schokolade dabei am besten nicht ganz auspacken und mit etwas Einwickelpapier festhalten. Dann schmilzt sie nicht so schnell.

5 Die Schokolade mit den warmen Mandeln vermischen. Den Backofen auf 150° (Gas: Stufe 2) zurückschalten. Das Backblech einfetten oder mit Backpapier belegen.

6 Die Eischneemasse in der Schüssel über ein warmes Wasserbad setzen, dabei ständig mit einem Schneebesen schlagen, bis die Masse etwas zäh und ganz matt ist. Die Schüssel herausnehmen und die Mandelmischung unterheben.

7 Mit zwei Teelöffeln kleine Häufchen auf das Blech setzen. In den Backofen (Mitte) schieben und etwa 15 Minuten backen. Die Witwenküsse dürfen noch einen weichen Kern haben, denn sie garen beim Auskühlen nach.

8 Für die Nußbusserln die Eiweiße mit dem Zucker ebenfalls über dem Wasserbad schlagen. Die Haselnüsse und die Gewürze unterziehen und kleine Häufchen auf das Blech setzen. Jedes Busserl mit einer Haselnuß verzieren und wie die Witwenküsse backen.

9 Für die Kokosplätzchen den Teig ebenfalls über dem heißen Wasserbad zubereiten und die Kokosraspeln unterziehen. Kleine Teighäufchen auf das Blech setzen. Mit einem angefeuchteten Kochlöffelstiel in die Mitte eine Mulde drücken und mit der Marmelade füllen. Wie die Witwenküsse backen.

Leckere Honig- und Lebkuchen

Wenn sie gebacken werden, zieht richtiger »Weihnachtsduft« durchs Haus.
Bei Honig- und Lebkuchen fällt es immer schwer, ihnen die nötige Ruhezeit zu gönnen.
Am liebsten würde man gleich losknuspern.
Aber warten Sie's ruhig ab:
Dieses Gebäck wird von Tag zu Tag besser!

Lebkuchenherzen

Zutaten für etwa 40 Stück:

Für den Teig:
250 g Honig
250 g brauner Zucker
150 g Butter oder Margarine
100 g gemahlene Mandeln
400 – 450 g Mehl
1 Teel. Zimt
je 1 gute Prise gemahlene Nelken, Kardamom, Muskatblüte und Piment oder insgesamt 2 Teel. Lebkuchengewürz
abgeriebene Schale einer halben Zitrone
1 Eßl. Kakao
1 Ei
1 Teel. Pottasche
2 Eßl. Rum oder Wasser

Außerdem:
Fett oder Backpapier für das Backblech
Mehl zum Ausrollen

Für die Verzierung:
150 g Puderzucker
2–3 Eßl. Zitronensaft
nach Belieben geschälte Mandeln, kandierte Früchte oder Liebesperlen

Vorbereitungszeit:
50 Minuten

Ruhezeit:
12 Stunden

Backzeit:
pro Blech etwa 18 Minuten

Fertigstellung:
30 Minuten

Tips:
Der Lebkuchenteig hält sich im Kühlschrank mehrere Tage. Sie können ihn also gut vorbereiten und ganz nach Bedarf backen.

Die Lebkuchen sind nach dem Auskühlen etwas hart. Legen Sie sie mit einem Apfelschnitz in eine Dose und sie werden schön weich. Auch wenn sie an der Luft liegen, werden Lebkuchen weich, denn sie holen sich die notwendige Feuchtigkeit aus der Zimmerluft.

1 Den Honig mit dem Zucker und der Butter oder Margarine in einen Topf geben. Unter Rühren erhitzen, bis sich der Zucker aufgelöst hat. Vom Herd nehmen, in eine große Rührschüssel umfüllen und abkühlen lassen.

2 Die Mandeln, 400 g Mehl, alle Gewürze und das Ei zur Honigmischung geben. Die Zutaten mit den Knethaken des Handrührers (oder in der Küchenmaschine) gründlich durchkneten.

3 In einer Tasse die Pottasche mit dem Rum oder dem Wasser verrühren, bis sich diese vollständig aufgelöst hat. Ebenfalls zum Teig geben und unterkneten. Den Teig nun auf höchster Stufe so lange weiterkneten, bis er glänzt und nicht mehr klebt. Eventuell etwas Mehl dazugeben, falls der Teig noch zu weich und klebrig ist. Er soll fest und formbar sein.

4 Die Schüssel mit Frischhaltefolie abdecken oder den Teig herausnehmen und fest in Folie einwickeln. Am besten über Nacht (mindestens jedoch 4 Stunden) im Kühlschrank ruhen lassen.

5 Den Backofen auf 180° (Gas: Stufe 3) vorheizen. Das Backblech einfetten oder mit Backpapier belegen. Den Teig portionsweise auf wenig Mehl 5 – 6 mm dick ausrollen. Herzen oder beliebige andere Formen ausstechen oder ausschneiden.

6 Die Lebkuchen auf das Blech legen. In den Backofen (Mitte) schieben und etwa 18 Minuten backen. Vorsichtig vom Blech lösen, denn die Lebkuchen sind dann noch sehr weich. Auf ein Kuchengitter setzen und auskühlen lassen.

7 Den Puderzucker mit soviel Zitronensaft glattrühren, daß ein dickflüssiger Guß entsteht. In einen Spritzbeutel mit feiner Lochtülle füllen und die Lebkuchen nach Belieben verzieren, Mandeln oder Liebesperlen aufstreuen.

8 Sie können die Lebkuchen auch vor dem Backen mit verquirltem Eiweiß bestreichen und mit halbierten Mandeln und kleingeschnittenen kandierten Früchten belegen.

Mandel-Printen

Zutaten für etwa 30 Stück:

Für den Teig:
250 g Honig
75 g Butter oder Margarine
75 g brauner Zucker
1 Teel. Pottasche
1 Eßl. Wasser
375 – 400 g Mehl
50 g geschälte und gehackte Mandeln
1 Teel. Zimt
je 1 gute Prise Nelken, Piment und Kardamom

Außerdem:
Fett oder Backpapier für das Backblech
50 g Mandelblättchen

Vorbereitungszeit:
30 Minuten

Ruhezeit:
1 Stunde

Backzeit:
pro Blech etwa 18 Minuten

1 Den Honig, das Fett und den Zucker unter Rühren erwärmen, bis sich der Zucker aufgelöst hat. Abkühlen lassen.

2 Die Pottasche im Wasser auflösen, mit 375 g Mehl, den Mandeln und Gewürzen zur Honigmasse geben und verkneten. Eventuell etwas Mehl zugeben. Zugedeckt 1 Stunde kalt stellen.

3 Den Backofen auf 180° (Gas: Stufe 3) vorheizen. Das Backblech vorbereiten. Die Arbeitsfläche mit den Mandelblättchen bestreuen. Den Teig gut 1 cm dick ausrollen und in Rechtecke (3 x 4 cm) schneiden.

4 Die Printen auf das Blech legen und im Backofen (Mitte) in etwa 18 Minuten goldbraun backen.

Tip:
Sie können die Printen auch mit der Mandelseite nach oben backen.

Braune Kuchen

Zutaten für etwa 100 Stück:

Für den Teig:
200 g Apfel- oder Rübenkraut
75 g brauner Zucker
75 g Butter oder Margarine
350 – 375 g Mehl
2 Teel. Backpulver
50 g geschälte und gehackte Mandeln
50 g gehacktes Zitronat oder Orangeat
1 Teel. Lebkuchengewürz

Zum Bestreichen:
2 Eßl. Honig
2 Eßl. Wasser

Außerdem:
Fett oder Backpapier für das Backblech
Mehl zum Ausrollen

Vorbereitungszeit:
40 Minuten

Backzeit:
pro Blech etwa 15 Minuten

Fertigstellung:
10 Minuten

1 Das Apfel- oder Rübenkraut mit dem Zucker und dem Fett in einen Topf geben. Unter Rühren so lange erhitzen, bis sich der Zucker aufgelöst hat. Die Masse vom Feuer nehmen, in eine Rührschüssel umfüllen und abkühlen lassen.

2 350 g Mehl mit dem Backpulver, den Mandeln, dem Zitronat oder Orangeat und dem Gewürz vermischen. Zur Honigmischung geben und mit den Knethaken des Handrührers (oder in der Küchenmaschine) gut unterkneten. Nach Bedarf etwas Mehl zufügen, falls der Teig noch zu weich und klebrig ist.

3 Den Backofen auf 180° (Gas: Stufe 3) vorheizen. Das Backblech vorbereiten. Die Arbeitsfläche dünn mit Mehl bestäuben und den Teig darauf 2 – 3 mm dick ausrollen. Beliebige Formen ausstechen oder -schneiden.

4 Die Plätzchen auf das Blech legen und in den Backofen (Mitte) schieben. In etwa 15 Minuten goldbraun backen.

5 In der Zwischenzeit den Honig und das Wasser erwärmen und rühren, bis sich beides gut verbunden hat. Die braunen Kuchen vom Blech lösen und noch heiß mit dem Honigwasser bepinseln. Sie bekommen dadurch einen schönen Glanz. Auf ein Kuchengitter setzen und abkühlen lassen.

Biberle

Zutaten für etwa 100 Stück:

Für den Teig:
125 g Honig
75 g brauner Zucker
2 Eßl. Öl
200 – 225 g Mehl
1 gehäufter Teel. Backpulver
2 Teel. Lebkuchengewürz

Für die Füllung:
300 g Marzipanrohmasse

Außerdem:
Mehl zum Ausrollen
1 Eiweiß zum Bestreichen
Fett oder Backpapier für das Backblech

Vorbereitungszeit:
50 Minuten

Ruhezeit:
1 Stunde

Backzeit:
pro Blech etwa 20 Minuten

1 Den Honig, den Zucker und das Öl unter Rühren in einem Topf erwärmen, bis sich der Zucker aufgelöst hat. Die Masse abkühlen lassen. Dann soviel Mehl zusammen mit dem Backpulver und dem Lebkuchengewürz unterkneten, daß ein fester Teig entsteht. Zugedeckt oder in Folie verpackt 1 Stunde im Kühlschrank ruhen lassen.

2 Aus der Marzipanrohmasse vier gleich lange Rollen mit dem Durchmesser eines Pfennigstückes formen. Den Lebkuchenteig auf wenig Mehl so ausrollen, daß vier Rechtecke entstehen, mit denen jeweils die Marzipanrollen umhüllt werden können (Rechtecke etwa 24 x 7 cm). Die Rechtecke ausschneiden und an den Rändern mit dem verquirlten Eiweiß bestreichen.

3 Das Marzipan jeweils in die Mitte legen und mit dem Lebkuchenteig umhüllen. An den Rändern gut festdrücken. Den Backofen auf 180° (Gas: Stufe 3) vorheizen. Das Backblech vorbereiten.

4 Die Rollen im Abstand von etwa 1 1/2 cm schräg in kleine Dreiecke schneiden. Die Biberle auf das Backblech setzen. In den Backofen (Mitte) schieben und etwa 20 Minuten backen. Die Biberle auf ein Kuchengitter setzen und abkühlen lassen.

Springerle

Zutaten für etwa 40 Stück:

Für den Teig:
2 Eier
250 g Zucker
2 Päckchen Vanillinzucker
1 Prise Salz
250 g Mehl
1 gute Messerspitze Hirschhornsalz

Außerdem:
Mehl oder Backpapier für das Backblech
Mehl zum Ausrollen
2 Eßl. Anissamen
nach Belieben farbiger Zuckerguß oder Zuckerschrift (Fertigprodukt)

Vorbereitungszeit:
40 Minuten

Ruhezeit:
12 Stunden

Backzeit:
pro Blech etwa 35 Minuten

Fertigstellung:
1 Stunde

Tips:
Die Springerle sind nach dem Backen meist hart. Die Plätzchen am besten mit einigen Apfelschnitzen in eine gut schließende Dose (aus Kunststoff oder Metall) geben und dort in einigen Tagen schön weich werden lassen.

Dieses Gebäck wird oft als Baumschmuck verwendet. Dafür gleich nach dem Backen zuerst mit einer etwas dickeren Nähnadel, dann mit einer Stricknadel kleine Löcher durch die Plätzchen bohren. Nicht zu dicht an der Oberkante, damit der Rand beim Aufhängen nicht durchbrechen kann.

Wenn Sie die Springerle als Baumschmuck aufhängen wollen, sieht es besonders hübsch aus, wenn Sie sie mit farbigem Zuckerguß bemalen.

1 Die Eier in eine Schüssel geben. Den Zucker, den Vanillinzucker und das Salz zufügen. Die Zutaten mit den Schneebesen des Handrührers (oder in der Küchenmaschine) schaumig schlagen. Das dauert auf höchster Stufe etwa 8 Minuten.

2 Die Creme sollte richtig dick und hell sein. Das Mehl mit dem Hirschhornsalz vermischen und auf die Creme häufen. Mit einem Rührlöffel oder Teigspatel sorgfältig unterheben.

3 Falls der Teig zu klebrig ist, noch etwas Mehl unterkneten, bis er fest und formbar ist. Den Teig in der Schüssel mit Folie abdecken oder herausnehmen und in Folie einwickeln. Mindestens 1 Stunde im Kühlschrank ruhen lassen.

4 Die Arbeitsfläche dünn mit Mehl bestäuben. Den Teig darauf 5 – 6 mm dick ausrollen. Eine oder mehrere Holzmodeln für Springerle ebenfalls mit Mehl bestäuben. Die Modeln müssen ganz trocken sein, da sonst der Teig zu leicht daran kleben bleibt.

5 Die vorbereiteten Modeln auf den Teig legen und mit dem Handrücken kurz aber fest andrücken. Die Modeln wieder abheben. Wieder frisch einmehlen und erneut aufdrücken. Auf diese Weise die ganze Teigplatte «formen».

6 Die einzelnen Springerle entlang dem Modelrand ausschneiden. Dafür ein scharfes Messer verwenden und dieses zwischendurch immer wieder in Mehl tauchen, damit die Ränder glatt werden und nicht ausfransen. Das Backblech mit Mehl bestäuben oder mit Backpapier belegen. Das Blech dann mit den Anissamen bestreuen. Wenn Sie keinen Anis mögen, können Sie die Samen auch weglassen.

7 Die Springerle auf das Blech legen und über Nacht trocknen lassen. Am nächsten Tag den Backofen auf 150° (Gas: Stufe 2) vorheizen. Die Springerle in den Backofen (Mitte) schieben und in etwa 35 Minuten ganz hell backen.

8 Sollten die Plätzchen während des Backens zu dunkel werden, das Blech mit Butterbrotpapier abdecken. Die fertigen Springerle auf einem Kuchengitter auskühlen lassen und eventuell noch bemalen.

Pfeffernüsse

Zutaten für etwa 100 Stück:

Für den Teig:
250 g Zucker
2 Eier
2 Teel. Zimt
1/2 Teel. gemahlene Nelken
1 gute Messerspitze Hirschhornsalz
250 g Mehl

Außerdem:
Mehl zum Ausrollen
Fett oder Backpapier für das Backblech

Vorbereitungszeit:
40 Minuten

Ruhezeit :
12 Stunden

Backzeit:
pro Blech etwa 25 Minuten

1 In einer Schüssel den Zukker, die Eier, den Zimt und die Nelken mit den Schneebesen des Handrührers (oder in der Küchenmaschine) etwa 10 Minuten schlagen.

2 Das Hirschhornsalz mit dem Mehl zufügen und unterkneten. Den Teig zugedeckt am besten über Nacht, mindestens aber 4 Stunden, kalt stellen.

3 Die Arbeitsfläche dünn mit Mehl bestäuben. Den Teig darauf etwa 1 cm dick ausrollen. Pfenniggroße Plätzchen ausstechen und dicht auf eine Marmor- oder Porzellanplatte legen. Über Nacht trocknen lassen.

4 Am nächsten Tag den Backofen auf 150° (Gas: Stufe 2) vorheizen. Die Pfeffernüsse mit der feuchten Seite nach oben auf ein gefettetes oder mit Backpapier belegtes Blech setzen. In den Backofen (Mitte) schieben und etwa 25 Minuten backen.

Nürnberger Lebkuchen

Zutaten für etwa 30 Stück:

Für den Teig:
200 g Honig
50 g brauner Zucker
75 g Butter oder Margarine
1 Eigelb
1 Eßl. Kakao
abgeriebene Schale einer Zitrone
2 Teel. Lebkuchengewürz
2 Teel. Pottasche
2 Eßl. Rum oder Wasser
300 g Mehl
100 g Mandelstifte
50 g feingehacktes Zitronat oder Orangeat
50 g Rosinen

Zum Glasieren:
je 100 g weiße und dunkle Kuvertüre

Außerdem:
Mehl zum Ausrollen
Fett oder Backpapier für das Backblech

Vorbereitungszeit:
40 Minuten

Backzeit:
pro Blech etwa 20 Minuten

Fertigstellung:
30 Minuten

1 In einem Topf den Honig, den braunen Zucker und das Fett erhitzen. Rühren, bis sich der Zucker aufgelöst hat. Abkühlen lassen.

2 Das Eigelb, den Kakao, die Zitronenschale und das Lebkuchengewürz unter die Mischung rühren. Die Pottasche mit Rum oder Wasser glatt rühren und dazugeben.

3 Das Mehl mit den Mandelstiften, dem Zitronat oder Orangeat und den Rosinen unterheben. Alle Zutaten zu einem festen Teig verkneten.

4 Die Arbeitsfläche mit Mehl bestäuben. Den Teig darauf gut 1 cm dick ausrollen. Runde Lebkuchen mit etwa 8 cm Ø ausstechen.

Elisenlebkuchen

5 Den Backofen auf 180° (Gas: Stufe 3) vorheizen. Das Backblech vorbereiten. Die Lebkuchen auf das Blech legen. Im Backofen (Mitte) etwa 20 Minuten backen. Auskühlen lassen.

6 Die Kuvertüre getrennt in kleine Stücke schneiden und in zwei Schälchen im Wasserbad schmelzen. Jeweils in eine Spritztüte mit feiner Lochtülle füllen. Oder in Plastiktütchen füllen und an einer Ecke eine Spitze abschneiden.

7 Auf jeden Lebkuchen spiralförmig zuerst helle, dann versetzt dunkle Glasur spritzen. Von der Mitte her mit einer Messerspitze mehrmals nach außen ziehen, so daß ein spinnennetzartiges Muster entsteht.

Zutaten für etwa 50 Stück:

Für den Teig:
275 g Puderzucker
3 Eiweiß
1 gestrichener Eßl. Zimt
abgeriebene Schale einer halben Zitrone
1 Teel. Zitronensaft
je 50 g feingewürfeltes Zitronat und Orangeat
275 g gemahlene Mandeln

Außerdem:
etwa 50 Backoblaten mit 4 cm Ø

Vorbereitungszeit:
45 Minuten

Backzeit:
pro Blech etwa 20 Minuten

1 Den Puderzucker und die Eiweiße in eine Schüssel geben. Mit den Schneebesen des Handrührers (oder in der Küchenmaschine) auf höchster Stufe schlagen, bis eine dicke Schaummasse entstanden ist.

2 Den Zimt, die Zitronenschale und den Saft, das Zitronat, das Orangeat und die Mandeln mit einem Rührlöffel sorgfältig unter die Eiweißmasse heben.

3 Den Backofen auf 150° (Gas: Stufe 2) vorheizen. Das Backblech mit den Oblaten belegen. Jeweils einen knappen Eßlöffel von dem Teig darauf geben. In den Backofen (Mitte) schieben und etwa 20 Minuten backen.

Tip:
Sie können den Teig auch auf große runde Oblaten oder auf rechteckige Oblaten streichen und backen. Die rechteckigen Lebkuchen dann jeweils kurz vor dem Anrichten für den Plätzchenteller in kleine Rechtecke oder Rauten schneiden. Am besten nehmen Sie dafür ein Sägemesser.

Knusperhäuschen

Zutaten für ein Knusperhäuschen:

Für den Teig:
500 g Honig
500 g brauner Zucker
300 g Butter oder Margarine
1,250 kg Mehl
3 Teel. Lebkuchengewürz
abgeriebene Schale einer Zitrone
50 g Kakao
2 Eier
2 Teel. Pottasche
3 - 4 Eßl. Rum oder Wasser

Für den Zuckerguß:
400 - 500 g Puderzucker
Saft einer Zitrone

Zum Verzieren:
kleine Schokoladenplätzchen mit Pfefferminz- oder Zuckerüberzug,
kleine farbige Bonbons, Weingummi, Liebesperlen und weiteres Zuckerwerk ganz nach Belieben

Außerdem:
Mehl zum Ausrollen
Fett oder Backpapier für das Backblech
Papier und Karton

Tips:
Die einzelnen Lebkuchenteile lassen sich exakt kleben, wenn Sie die Kanten ganz gerade schneiden. Die Platten dafür nur kurz auf dem Blech abkühlen lassen. Dann auf ein Küchenbrett legen und noch warm schneiden. Die ausgekühlten Platten lassen sich nur sehr schwer schneiden und bröckeln an den Rändern leicht.

Nach Belieben können Sie den Zuckerguß auch mit Fruchtsaft oder Lebensmittelfarbe einfärben.

Wenn Ihnen das Ausschneiden von Fenstern und Türen zu mühsam ist, können Sie sie auch später als Verzierung aufspritzen. Dafür den Zuckerguß in eine Spritztüte mit ganz feiner Lochtülle füllen, oder farbige Zuckerschrift (Fertigprodukt) verwenden.

1 Den Lebkuchenteig wie auf Seite 52 beschrieben zubereiten und kalt stellen. Für Dach und Seitenteile einen Bogen Papier in DIN A5 Format bereitlegen. Für die Giebelseite Papier in Postkartengröße (DIN A6) mit einem angesetzten Dreieck zuschneiden.

2 Das Dreieck spitz oder flach zuschneiden, ganz nach Belieben (flach gelingt es leichter). Aus dickem Karton mehrere 3 cm breite Streifen in etwa 10 cm Länge zurechtschneiden. In der Mitte leicht mit einem Messer anritzen und knicken, damit Winkel entstehen.

3 Den Teig auf der bemehlten Arbeitsfläche portionsweise etwa 5 mm dick ausrollen. Die Schablonen auflegen und nacheinander je zwei Dachflächen und Seitenwände in DIN A5 Größe ausschneiden. Dann zwei Giebelseiten zuschneiden. Die Teile auf ein gefettetes oder mit Backpapier belegtes Blech legen. Erst auf dem Blech zusätzlich Türen oder Fenster ausschneiden.

4 Die Teigreste zusammenkneten, nochmals ausrollen, eine große Bodenplatte (etwa 20 x 30 cm) und nach Belieben Verzierungen herstellen. Zum Beispiel Dachziegel mit Wasser aufkleben oder Tannenbäume, Tiere oder einen Weinachtsmann ausstechen oder ausschneiden.

5 Den Backofen auf 180° vorheizen. Die einzelnen Teile darin portionsweise (Mitte) in etwa 20 Minuten goldbraun backen. Den Lebkuchen auf dem Blech etwas abkühlen lassen. Dann auf ein Kuchengitter legen und abkühlen lassen.

6 Den Puderzucker mit soviel Zitronensaft glattrühren, daß eine dicke zähflüssige Masse entsteht. Mit der Mischung zuerst die Seitenwände und Giebelseiten mit Hilfe der Pappwinkel auf die Lebkuchenplatte kleben.

7 Zum Stabilisieren am besten Bücher oder Flaschen gegen die Wände stellen, bis der Guß angetrocknet ist. Dann die Dachflächen aufkleben und ausgeschnittene Türen- oder Fensterteile ankleben. Alles gut trocknen lassen.

8 Ganz zum Schluß nun das Knusperhaus nach Ihren Wünschen verzieren. Mit Zuckerwerk bekleben oder ganz schlicht nur mit weißem Zuckerguß bespritzen. Dick mit Puderzucker bestäubt sieht alles noch weihnachtlicher aus.

Zartes aus Nußteig

Die Puristen unter den Plätzchen – aber nur, was die Zutaten betrifft. Denn man kommt mit wenig aus: Eiweiß, Zucker, Nüsse und ein bißchen Gewürz – fertig ist der Nußteig. Dann brauchen Sie nur noch ein wenig Fingerspitzengefühl beim Ausrollen oder Formen.

Zimtsterne

Zutaten für etwa 40 Stück:

Für den Teig:
400 g Mandeln
3 Eiweiß
300 g Zucker
1 Teel. Zitronensaft
abgeriebene Schale einer halben Zitrone
1 Eßl. Zimt
je 1 gute Prise gemahlene Nelken und Piment

Außerdem:
Zucker zum Ausrollen
Fett oder Backpapier für das Backblech

Vorbereitungszeit:
50 Minuten

Backzeit:
pro Blech etwa 12 Minuten

Tips:
Falls Ihnen der Nußteig zu weich gerät und sich nicht ausrollen läßt, hängt das vermutlich mit der Größe der Eier zusammen. Kneten Sie in diesem Fall eßlöffelweise zusätzlich gemahlene Mandeln darunter, bis der Teig nicht mehr klebt. Oder wenden Sie den folgenden Trick an: Statt die Mandeln unter den Eischnee zu rühren, gehen Sie umgekehrt vor. Rühren Sie zuerst nur etwa zwei Drittel der Schneemasse unter die Mandeln. Mischen Sie dann nach und nach den Rest unter die bröselige Masse, bis ein formbarer Teig entsteht. Nicht vergessen, die 4 Eßlöffel für den Guß vorher abzunehmen!

Statt 400 g Mandeln können Sie auch je 200 g Haselnüsse und Mandeln verwenden.

1 Die Mandeln in einer Mandelmühle möglichst fein mahlen. Eventuell ein zweites Mal durch die Mühle treiben. Oder die Mandeln portionsweise im elektrischen Zerkleinerer sehr fein mahlen.

2 Die Eiweiße in eine Schüssel geben. Mit den Schneebesen des Handrührers (oder in der Küchenmaschine) zu sehr steifem Schnee schlagen. Er muß so fest sein, daß ein Messerschnitt sichtbar bleibt.

3 Den Zucker langsam dazurieseln lassen, die Masse dabei ständig weiterschlagen. Insgesamt auf höchster Stufe etwa 10 Minuten schlagen, bis sich der Zucker fast aufgelöst hat. Ganz zum Schluß den Zitronensaft unterrühren.

4 Nun 4 Eßlöffel der Schaummasse für die Glasur abnehmen. In eine Tasse füllen und mit Folie abdecken, damit die Oberfläche nicht austrocknet. Am besten bis zum Gebrauch in den Kühlschrank stellen.

5 Die Mandeln mit der Zitronenschale und den Gewürzen zur Schaummasse geben. Mit einem Rührlöffel oder Teigspatel sorgfältig untermischen. Es soll ein fester, formbarer Teig entstehen.

6 Die Arbeitsfläche mit Zucker bestreuen. Den Teig darauf 4 – 5 mm dick ausrollen. Die Teigunterseite dabei öfters mit einer Palette anheben. Auch die Oberfläche etwas zuckern, damit der Teig nicht am Nudelholz kleben bleibt.

7 Mit einem Ausstechförmchen Sterne (etwa 4 cm Ø) ausstechen. Das Förmchen zwischendurch immer wieder in den Zucker tauchen, dann bleibt der Teig nicht so leicht daran kleben.

8 Den Backofen auf 180° (Gas: Stufe 3) vorheizen. Das Backblech einfetten oder mit Backpapier belegen. Die Sterne nun mit der Glasur bestreichen. Gut eignet sich dafür ein kleines spitzes Küchenmesser.

9 Die Sterne auf das vorbereitete Blech legen. In den Backofen (Mitte) schieben und etwa 12 Minuten backen. Die Sterne sollen ganz hell bleiben. Auf ein Kuchengitter setzen und abkühlen lassen.

Nuß-Stangen

Zutaten für etwa 70 Stück:

Für den Teig:
je 125 g gemahlene Mandeln und Haselnüsse
250 g Zucker
1 Päckchen Vanillinzucker
1 Prise gemahlene Nelken
1-2 Eier

Für den Guß:
1 Eiweiß
125 g Puderzucker

Außerdem:
Zucker zum Ausrollen
Fett oder Backpapier für das Backblech

Vorbereitungszeit:
50 Minuten

Ruhezeit:
1 Stunde

Backzeit:
pro Blech etwa 12 Minuten

1 In einer Schüssel die Mandeln, die Haselnüsse und den Zucker vermischen. Die Gewürze dazugeben. Die Eier verquirlen, in die Schüssel geben und alles zu einem festen Teig verarbeiten. Mit Folie abdecken und etwa 1 Stunde im Kühlschrank ruhen lassen.

2 Den Teig auf der gezuckerten Arbeitsfläche 5 – 6 mm dick ausrollen. In etwa 4 x 2 cm große Stangen schneiden.

3 Den Backofen auf 200° vorheizen. Das Backblech vorbereiten. Die Stangen auf das Blech legen.

4 Für den Guß das Eiweiß sehr steif schlagen. Eßlöffelweise den Puderzucker dazusieben, dabei ständig weiterschlagen. Die Stangen mit dem Guß bestreichen. In den Backofen (Mitte) schieben und etwa 12 Minuten backen.

Schokoladen-Lekkerli

Zutaten für etwa 60 Stück:

Für den Teig:
2 Eiweiß
200 g Zucker
1 Päckchen Vanillinzucker
1 gute Prise Zimt
175 g gemahlene Haselnüsse
100 g geriebene Bitterschokolade

Für die Glasur:
100 g dunkle Kuvertüre

Außerdem:
Zucker zum Ausrollen
Fett oder Backpapier für das Backblech

Vorbereitungszeit:
30 Minuten

Ruhezeit:
2 Stunden

Backzeit:
pro Blech etwa 15 Minuten

Fertigstellung:
15 Minuten

1 Die Eiweiße steif schlagen. Den Zucker mit dem Vanillinzucker, dem Zimt, den Haselnüssen und der Schokolade vermischen. Zum Eiweiß geben und zu einem festen Teig verarbeiten. In Folie gewickelt etwa 2 Stunden kalt stellen.

2 Den Backofen auf 200° (Gas: Stufe 4) vorheizen. Das Backblech vorbereiten. Die Arbeitsfläche mit Zucker bestreuen und den Teig etwa 5 mm dick ausrollen.

3 Runde Plätzchen (etwa 4 cm Ø) ausstechen und auf das Blech legen. In den Backofen (Mitte) schieben und etwa 15 Minuten backen. Auf einem Kuchengitter auskühlen lassen.

4 Die Kuvertüre oder Schokoladenglasur im Wasserbad schmelzen. Die Lekkerli darin zur Hälfte eintauchen. Auf ein Kuchengitter setzen und trocknen lassen.

Walnußtaler

Zutaten für etwa 60 Stück:

Für den Teig:
100 g gemahlene Haselnüsse
125 g gemahlene Walnüsse
200 g Puderzucker
100 g geriebene Bitterschokolade
je 1 gute Prise gemahlener Zimt und Nelken
2 Eiweiß
1 Eßl. Kirschwasser

Zum Wälzen:
2 – 3 Eßl. Zucker

Außerdem:
Fett oder Backpapier für das Backblech

Vorbereitungszeit:
30 Minuten

Ruhezeit:
2 Stunden

Backzeit:
pro Blech etwa 8 Minuten

1 Die Nüsse mit dem Puderzucker, der Schokolade und den Gewürzen mischen.

2 Die Eiweiße mit einem Schneebesen leicht aufschlagen. Dann mit dem Kirschwasser und den anderen Zutaten zu einem festen Teig verkneten.

3 Aus dem Teig drei Rollen mit etwa 3 cm Ø formen. Im Zucker wälzen, in Folie wickeln und 2 Stunden kalt stellen.

4 Den Backofen auf 220° (Gas Stufe 5) vorheizen. Das Backblech vorbereiten. Von den Teigrollen 1 cm dicke Scheiben abschneiden und auf das Blech legen.

5 Im Backofen (Mitte) etwa 8 Minuten backen. Vom Blech lösen und abkühlen lassen.

Mandelmonde

Zutaten für etwa 50 Stück:

Für den Teig:
2 Eiweiß
2 Eßl. Zitronensaft
abgeriebene Schale einer halben Zitrone
250 g Zucker
300 g geschälte gemahlene Mandeln

Für die Glasur:
125 g Puderzucker
3 – 4 Eßl. Zitronensaft

Außerdem:
Zucker zum Ausrollen
Fett oder Backpapier für das Backblech

Vorbereitungszeit:
40 Minuten

Ruhezeit:
1 Stunde

Backzeit:
pro Blech etwa 12 Minuten

Fertigstellung:
20 Minuten

1 Die Eiweiße steif schlagen. Den Zitronensaft und die Schale unterrühren.

2 Den Zucker mit den Mandeln mischen und unter den Eischnee rühren. Falls der Teig zu weich ist, etwas gemahlene Mandeln zugeben. In Folie gewickelt etwa 1 Stunde kalt stellen.

3 Den Backofen auf 160° (Gas: Stufe 2) vorheizen. Das Backblech vorbereiten. Die Arbeitsfläche mit Zucker bestreuen. Den Teig 5 – 6 mm dick ausrollen.

4 Halbmonde ausstechen und auf das Blech legen. Im Backofen (Mitte) etwa 12 Minuten backen.

5 Für die Glasur den Puderzucker mit dem Zitronensaft glattrühren. Die abgekühlten Monde damit bestreichen und trocknen lassen.

Bärentatzen

Zutaten für etwa 40 Stück:

Für den Teig:
125 g Zartbitterschokolade
250 g Mandeln
oder je 125 g Mandeln und Haselnüsse
3 Eiweiß
250 g Zucker
1/2 Teel. Zimt
je 1 Prise gemahlene Nelken und Kardamom
2 Eßl. Kakao
abgeriebene Schale einer halben Zitrone

Für die Glasur:
100 g dunkle oder weiße Kuvertüre

Außerdem:
Zucker für die Formen

Vorbereitungszeit:
40 Minuten

Ruhezeit:
12 Stunden

Backzeit:
pro Blech etwa 15 Minuten

Fertigstellung:
15 Minuten

1 Die Schokolade in kleine Stücke brechen oder schneiden. In einer Schüssel mit den Mandeln (oder Mandeln und Haselnüssen) vermischen.

2 Nun die Mischung portionsweise durch die Mandelmühle treiben oder im elektrischen Zerkleinerer fein mahlen. Nicht zu lange mahlen, da die Schokolade sonst zu warm wird und schmilzt.

3 In einer Schüssel die Eiweiße mit den Schneebesen des Handrührers (oder in der Küchenmaschine) steif schlagen. Ein Messerschnitt muß dabei im Eischnee sichtbar bleiben.

4 Die gemahlene Mandel-Schokoladenmischung mit dem Zucker, den Gewürzen, dem Kakao und der Zitronenschale zum Eischnee geben. Mit einem Rührlöffel oder breiten Teigspatel gründlich unterrühren, so daß ein fester Teig entsteht.

5 Die Arbeitsfläche mit Zucker bestreuen. Aus dem Teig gut walnußgroße Kugeln formen und rundum im Zucker wälzen. Die Muschelform (gibt es aus Holz oder Metall) so gut es geht auszuckern.

6 Nun Kugel für Kugel in die Bärentatzenform drücken und gleich wieder herauslösen. Den Teig eventuell ganz vorsichtig mit einem spitzen Messer lösen. Überstehende Ränder glattschneiden.

7 Das Backblech vorbereiten. Die Bärentatzen darauf verteilen und über Nacht trocknen lassen. Durch das Antrocknen springen die Bärentatzen beim Backen etwas hoch und bekommen ein «Füßchen».

8 Am nächsten Tag den Backofen auf 180° (Gas: Stufe 3) vorheizen. Das Blech in den Backofen (Mitte) schieben und die Bärentatzen etwa 15 Minuten backen. Auf einem Kuchengitter abkühlen lassen.

9 Die Kuvertüre zerbröckeln und im Wasserbad schmelzen. Die Bärentatzen mit dem unteren Ende zu etwa einem Drittel eintauchen. Auf ein Kuchengitter setzen und trocknen lassen.

Vollwertiges und Plätzchen für Diabetiker

Traditionelle Plätzchen – mal ganz anders gebacken! Mit den folgenden Rezepten kommen auch Vollwertanhänger und Diabetiker voll auf ihre Kosten.

Dattelschiffchen

Zutaten für etwa 40 Stück:

Für den Teig:
250 g Weizen oder 250 g frisch gemahlenes Weizenvollkornmehl
125 g kalte Butter oder feste Pflanzenmargarine (mit hohem Anteil an mehrfach ungesättigten Fettsäuren)
1 Ei
2 Eßl. Honig
1 Prise Meersalz

Für die Füllung:
150 g getrocknete Datteln
125 g Mandeln
2 Eßl. Crème fraîche
1/2 Teel. Zimt
2 Eßl. Mandellikör oder Rosenwasser
etwas abgeriebene Zitronenschale
1–2 Teel. Zitronensaft

Außerdem:
Weizenvollkornmehl zum Ausrollen
Butter für die Förmchen

Vorbereitungszeit:
1 Stunde 10 Minuten

Ruhezeit:
1 Stunde

Backzeit:
pro Blech etwa 15 Minuten

Tips:
Von dem gekühlten Mürbeteig immer nur etwa ein Viertel abnehmen und ausrollen. Den Rest wieder kalt stellen.
Die fertigen Schiffchen nach Belieben mit kurz erwärmtem Honig oder Aprikosenkonfitüre bestreichen.
Sicherlich haben Sie keine allzu große Anzahl dieser Spezialförmchen. Deshalb gleich nach dem Backen die Förmchen mit kaltem Wasser abspülen. So kühlen sie am schnellsten ab und Sie können die nächsten Dattelschiffchen backen.

Vorher wieder gut einfetten! Wenn Sie keine Förmchen haben, können Sie Teig und Füllung wie die Pfaffenhütchen auf Seite 29 backen.

1 Den Weizen verlesen und anschließend in der Getreidemühle (elektrisch oder von Hand) fein mahlen. Wenn Sie keine Getreidemühle besitzen, können Sie auch schon fertiggemahlenes Vollkornmehl nehmen.

2 Das Mehl auf die Arbeitsfläche häufen. Das kalte Fett in kleine Stücke schneiden und darauf verteilen. In die Mitte das Ei geben und über alles den Honig träufeln. Das Salz zufügen.

3 Die Zutaten mit einem großen Messer durchhacken, bis alles schön bröselig ist. Dann den Teig kurz mit den Händen durchkneten. Nicht zu lange kneten, da der Teig sonst zu weich wird und sich schlecht ausrollen läßt. In Folie gewickelt 1 Stunde im Kühlschrank ruhen lassen.

4 In der Zwischenzeit die Datteln längs aufschlitzen und den Kern entfernen. Die Früchte fein hacken. Die Hälfte der Mandeln fein mahlen. Den Rest grob hacken. Alles in eine Schüssel füllen.

5 Die Crème fraîche, den Zimt und den Mandellikör oder das Rosenwasser unterrühren. Die Füllung mit der abgeriebenen Zitronenschale und etwas Zitronensaft abschmecken.

6 Die Schiffchenförmchen (etwa 4 – 5 cm lang) gut mit Fett auspinseln. Den Backofen auf 180° (Gas: Stufe 3) vorheizen. Den Teig auf wenig Vollkornmehl etwa 3 mm dick ausrollen.

7 Die Förmchen auf den Teig legen, fest aufdrücken und ausstechen. Dann den Teig mit den Fingerspitzen in die Förmchen drücken und je einen knappen Eßlöffel der Füllung darauf setzen.

8 Die Dattelschiffchen auf dem Backblech verteilen. Im Backofen (unten) in etwa 15 Minuten goldbraun backen. Etwas abgekühlt aus den Förmchen lösen, dann vollständig auskühlen lassen.

Ingwertaler

Zutaten für etwa 40 Stück:

Für den Teig:
50 g frischer Ingwer, ersatzweise 2 Teel. Ingwerpulver
150 g weiche Butter oder Pflanzenmargarine (mit hohem Anteil an mehrfach ungesättigten Fettsäuren)
75 g Honig
1 Ei
150 g Weizenvollkornmehl
75 g Buchweizenmehl
50 g frisch gemahlene Mandeln
je 1 gute Prise gemahlener Zimt und Nelken

Außerdem:
Mehl zum Formen
Fett oder Backpapier für das Backblech

Vorbereitungszeit:
30 Minuten

Ruhezeit:
1 Stunde

Backzeit:
pro Blech etwa 15 Minuten

1 Den Ingwer schälen und fein hacken. Das Fett schaumig schlagen, dann den Honig und das Ei unterrühren.

2 Das Mehl, die Mandeln und die Gewürze mit einem Rührlöffel unter die Creme ziehen. Den Teig dann kurz mit den Händen verkneten und drei Rollen mit etwa 2 1/2 cm Ø formen. Einzeln in Folie wickeln und 1 Stunde kalt stellen.

3 Den Backofen auf 180° (Gas: Stufe 3) vorheizen. Das Backblech vorbereiten. Von den Rollen knapp fingerdicke Scheiben abschneiden und auf das Blech legen.

4 Die Ingwertaler im Backofen (Mitte) in etwa 15 Minuten goldbraun backen.

Mandel-Spekulatius

Zutaten für etwa 60 Stück:

Für den Teig:
175 g kalte Butter oder Pflanzenmargarine (mit hohem Anteil an mehrfach ungesättigten Fettsäuren)
300 g Weizenvollkornmehl
50 g frisch gemahlene Mandeln
125 g Zuckerrohrgranulat
3 Eßl. Milch oder Sahne
1/2 Teel. Kardamom
je 1 gute Prise Zimt und Piment

Außerdem:
75 g Mandeln
Fett oder Backpapier für das Backblech

Vorbereitungszeit:
1 Stunde

Ruhezeit:
1 Stunde

Backzeit:
pro Blech etwa 12 Minuten

1 Das Fett in kleine Stücke schneiden, mit dem Mehl und den gemahlenen Mandeln auf die Arbeitsfläche häufen. Das Zuckerrohrgranulat darüber streuen.

2 Die Milch oder Sahne und die Gewürze dazugeben. Alle Zutaten mit einem großen Messer durchhacken, dann mit den Händen rasch zu einem festen Teig verkneten. In Folie wickeln und 1 Stunde im Kühlschrank ruhen lassen.

3 Die ganzen Mandeln längs in möglichst feine Scheiben schneiden. Das macht zwar etwas Mühe, läßt den Spekulatius aber hinterher besonders schön aussehen.

4 Den Backofen auf 200° (Gas: Stufe 4) vorheizen. Das Backblech vorbereiten. Die Arbeitsfläche dicht mit den Mandelblättchen bestreuen. Den Teig darauf etwa 4 mm

Thorner Kathrinchen

dick ausrollen und in kleine Rechtecke oder Rauten schneiden.

5 Den Spekulatius mit der Mandelseite nach oben auf das Backblech legen. In den Backofen (Mitte) schieben und in etwa 12 Minuten goldbraun backen.

Zutaten für etwa 30 Stück:

<u>Für den Teig:</u>
je 100 g Honig und Zuckerrohrgranulat (oder Apfeldicksaft)
50 g Butter oder Pflanzenmargarine (mit hohem Anteil an mehrfach ungesättigten Fettsäuren)
1 Ei
1/2 Teel. Weinstein-Backpulver (gibt es im Reformhaus)
250 g Weizenvollkornmehl
2 Teel. Lebkuchengewürz
abgeriebene Schale einer halben Zitrone

<u>Zum Verzieren:</u>
2 Eßl. Milch
etwa 15 Mandeln

<u>Außerdem:</u>
Fett oder Backpapier für das Backblech
Mehl zum Ausrollen

<u>Vorbereitungszeit:</u>
50 Minuten

<u>Ruhezeit:</u>
12 Stunden

<u>Backzeit:</u>
pro Blech etwa 12 Minuten

1 Den Honig mit dem Zuckerrohrgranulat (oder Apfeldicksaft) und dem Fett unter Rühren erhitzen. Die Masse in eine Schüssel umfüllen und abkühlen lassen.

2 Das Ei mit einer Gabel gut verquirlen und zwei Eßlöffel davon zur Honigmasse geben. Den Rest beiseite stellen. Das Backpulver mit dem Mehl vermischen und mit dem Gewürz und der Zitronenschale ebenfalls unterrühren.

3 Alle Zutaten zu einem geschmeidigen Teig verkneten. Falls er zu weich ist, wenig Weizenvollkornmehl zufügen. Wenn er zu fest ist, teelöffelweise Wasser hineinarbeiten.

4 Die Schüssel mit Folie oder einem feuchten Tuch abdecken. Den Teig über Nacht, besser noch 2 – 3 Tage, im Kühlschrank ruhen lassen.

5 Den Backofen auf 200° (Gas: Stufe 4) vorheizen. Das Backblech vorbereiten. Die Arbeitsfläche mit Mehl bestäuben und den Teig darauf 3 – 4 mm dick ausrollen.

6 Kleine kleeblattförmige Plätzchen ausstechen und auf das Backblech legen. Das übrige Ei mit der Milch verquirlen und die Plätzchen damit bestreichen.

7 Die Mandeln mit einem spitzen Messer längs halbieren. Je eine Hälfte in die Mitte der Plätzchen legen.

8 Die Thorner Kathrinchen im Backofen (Mitte) in etwa 12 Minuten goldbraun backen.

Linzer Plätzchen

Zutaten für etwa 30 Stück:

Für den Teig:
125 g weiche Butter oder Pflanzenmargarine (mit hohem Anteil an mehrfach ungesättigten Fettsäuren)
1 Ei
50 g Fruchtzucker
40 g gemahlene Haselnüsse
200 g Weizenvollkornmehl
1/2 Teel. Weinstein-Backpulver (gibt es im Reformhaus)
je 1 gute Prise gemahlene Nelken und Zimt

Für die Füllung:
75 g Diabetiker-Marmelade (Johannisbeer oder Kirsch)

Zum Bestäuben:
1 Eßl. Fruchtzucker

Außerdem:
Fett oder Backpapier für das Backblech
Weizenvollkornmehl zum Ausrollen

Vorbereitungszeit:
40 Minuten

Ruhezeit für den Teig:
1 Stunde

Backzeit:
pro Blech etwa 12 Minuten

Fertigstellung:
20 Minuten

1,5 Stück entsprechen 1 Broteinheit (1 BE = 12 g KH)

1 Die Butter oder Margarine in eine Schüssel geben. Mit den Schneebesen des Handrührers (oder in der Küchenmaschine) schaumig rühren.

2 Das Ei, den Fruchtzucker, die Haselnüsse, das Vollkornmehl, das Backpulver und die Gewürze zugeben und zu einem festen Teig verrühren. Anschließend mit den Händen kurz durchkneten.

3 Den Teig in Folie wickeln und 1 Stunde kalt stellen. Den Backofen auf 180° (Gas: Stufe 3) vorheizen. Das Backblech einfetten oder mit Backpapier belegen. Den Teig auf wenig Vollkornmehl 3 – 4 mm dick ausrollen. Rautenförmige Plätzchen mit gezacktem Rand ausstechen.

4 Die Plätzchen auf das Blech legen und im Backofen (Mitte) in etwa 12 Minuten goldbraun backen. Vom Blech lösen und auf ein Kuchengitter setzen.

5 Die Plätzchen noch heiß mit der Marmelade zusammensetzen. Dafür jeweils ein Plätzchen auf der Unterseite mit etwas Marmelade bestreichen und ein zweites Plätzchen dagegendrücken.

6 Die Plätzchen auf einem Kuchengitter abkühlen lassen. Den Fruchtzucker in ein feines Sieb füllen und durch Reiben mit einem Löffel die Plätzchen mit feinem Zuckerstaub überpudern.

7 Variante: Den Teig vor dem Ausrollen halbieren. Jede Hälfte zu einem 20 x 20 cm großen Rechteck ausrollen. Eine Hälfte auf das Backblech legen und die Seiten mit Streifen aus Alufolie begrenzen.

8 Die Teigplatte mit der Marmelade bestreichen. Die zweite Platte auflegen und leicht andrücken. Im Backofen (Mitte) etwa 20 Minuten backen und noch heiß in Rauten schneiden. Die Plätzchen auskühlen lassen und mit Puderzucker bestreuen.

Kokosmakronen

Zutaten für etwa 40 Stück:

Für den Teig:
3 Eiweiß
35 g Fruchtzucker
45 g streufähige Diabetikersüße
2 Teel. Zitronensaft
175 g Kokosraspeln

Zum Verzieren:
100 g Diabetikerschokolade

Außerdem:
Fett oder Backpapier für das Backblech

Vorbereitungszeit:
20 Minuten

Backzeit:
pro Blech etwa 20 Minuten

Fertigstellung:
15 Minuten

1 Die Eiweiße steif schlagen. Den Fruchtzucker und die Diabetikersüße nach und nach zufügen, dann den Zitronensaft unterrühren.

2 Die Kokosraspeln unter den Teig ziehen. Den Backofen auf 150° (Gas: Stufe 2) vorheizen. Mit zwei Teelöffeln kleine Häufchen auf das vorbereitete Backblech setzen.

3 Die Makronen im Backofen etwa 20 Minuten backen. Dann abkühlen lassen.

4 Die Schokolade zerbröckeln und im Wasserbad schmelzen. Die Makronen mit der Unterseite eintauchen, auf Folie setzen und trocknen lassen.

4 Stück entsprechen 1 Broteinheit (1 BE = 12 g KH)

Gewürzsterne

Zutaten für etwa 50 Stück:

Für den Teig:
je 125 g Weizenmehl Type 405 und Weizenvollkornmehl
1/2 Teel. Backpulver
80 g Fruchtzucker
1 Ei
1/2 Teel. Zimt
je 1 Prise gemahlene Nelken, Piment und Kardamom
125 g kalte Butter oder Pflanzenmargarine (mit hohem Anteil an mehrfach ungesättigten Fettsäuren)

Zum Bestreichen:
3 Eßl. Milch

Außerdem:
Fett oder Backpapier für das Backblech
Mehl zum Ausrollen

Vorbereitungszeit:
40 Minuten

Ruhezeit:
1 Stunde

Backzeit:
pro Blech etwa 10 Minuten

1 Das Mehl mit dem Backpulver mischen und mit dem Zucker auf die Arbeitsfläche häufen. Das Ei in die Mitte setzen, die Gewürze und das Fett in kleinen Stücken obenauf geben.

2 Alle Zutaten mit einem großen Messer bröselig hacken, dann rasch mit den Händen verkneten. In Folie gewickelt 1 Stunde im Kühlschrank ruhen lassen.

3 Den Backofen auf 180° (Gas: Stufe 3) vorheizen. Das Backblech vorbereiten. Den Teig auf wenig Mehl 2 – 3 mm dick ausrollen.

4 Sterne ausstechen und auf das Backblech legen. Mit der Milch bestreichen. Im Backofen (Mitte) in etwa 10 Minuten goldbraun backen.

2 Stück entsprechen 1 Broteinheit (1 BE = 12 g KH)

Schokoladentaler

Zutaten für etwa 50 Stück:

Für den Teig:
125 g weiche Butter oder Pflanzenmargarine (mit hohem Anteil an mehrfach ungesättigten Fettsäuren)
60 g Fruchtzucker
2 Eier
je 125 g Weizenmehl Type 405 und Weizenvollkornmehl
1 Teel. Weinstein-Backpulver (gibt es im Reformhaus)
2 Eßl. Kakao
75 g grob gehackte Diabetikerschokolade

Außerdem:
Fett oder Backpapier für das Backblech

Vorbereitungszeit:
30 Minuten

Backzeit:
pro Blech etwa 10 Minuten

1 Das Fett in einer Schüssel schaumig rühren. Den Fruchtzucker, die Diabetikersüße und die Eier zufügen und alles mit dem Knethaken des Handrührers (oder in der Küchenmaschine) zu einer dicken Creme schlagen.

2 Das Mehl mit dem Backpulver und dem Kakao vermischen. Zusammen mit der Schokolade mit einem Rührlöffel unter die Creme rühren.

3 Den Backofen auf 180° (Gas: Stufe 3) vorheizen. Das Backblech vorbereiten. Mit zwei Teelöffeln kleine Teighäufchen auf das Blech setzen.

4 Die Plätzchen im Backofen (Mitte) etwa 10 Minuten backen.

2 Stück entsprechen 1 Broteinheit (1 BE = 12 g KH)

Zitrusplätzchen

Zutaten für etwa 50 Stück:

Für den Teig:
je 125 g Weizenmehl Type 405 und Weizenvollkornmehl
40 g Fruchtzucker
30 g streufähige Diabetikersüße
1 Prise Salz
1 Teel. Weinstein-Backpulver (gibt es im Reformhaus)
abgeriebene Schale und Saft von 1/2 Zitrone
2 Eier

Außerdem:
Mehl zum Ausrollen
Fett oder Backpapier für das Backblech

Vorbereitungszeit:
40 Minuten

Ruhezeit:
1 Stunde

Backzeit:
pro Blech etwa 12 Minuten

1 Das Mehl auf die Arbeitsfläche häufen. Den Zucker, die Diabetikersüße, das Salz, das Backpulver und die Zitronenschale dazugeben. Den Zitronensaft darüber träufeln und die Eier in die Mitte setzen.

2 Alle Zutaten mit einem großen Messer durchhacken, dann mit den Händen rasch zu einem festen Mürbeteig verkneten. Den Teig in Folie gewickelt 1 Stunde im Kühlschrank ruhen lassen.

3 Den Backofen auf 180° (Gas: Stufe 3) vorheizen. Das Backblech vorbereiten. Den Teig auf wenig Mehl 3 – 4 mm dick ausrollen.

4 Runde Plätzchen (etwa 3 cm Ø) ausstechen und auf das Backblech legen. Die Zitrusplätzchen im Backofen (Mitte) etwa 12 Minuten backen.

2 Stück entsprechen 1 Broteinheit (1 BE = 12 g KH)

Beliebte Stollen und Früchtebrote

Für viele ist Weihnachten ohne Stollen kein richtiges Weihnachten. Fangen Sie deshalb für Stollen und Früchtebrote rechtzeitig mit dem Backen an. Denn diese großen »Weihnachtsbrote« brauchen ihre Zeit zum Durchziehen. Erst dann schmecken sie so richtig gut!

Butterstollen

Zutaten für 2 Stollen:

Für den Teig:
je 100 g Zitronat und Orangeat
100 g Rosinen
6 Eßl. Rum (ersatzweise lauwarmes Wasser)
1 kg Mehl
2 Würfel frische Hefe oder 2 Tütchen Trockenhefe
250 g Zucker
1/4 l Milch
je 1 gute Prise Salz, Kardamom, Piment und Muskatblüte
400 g zimmerwarme Butter

Zum Bestreichen:
100 g Butter

Zum Bestäuben:
50 – 60 g Puderzucker

Außerdem:
Mehl zum Ausrollen und Formen
Fett oder Backpapier für das Backblech

Vorbereitungszeit:
1 Stunde

Ruhezeit:
3 1/2 Stunden

Backzeit:
etwa 1 Stunde

Fertigstellung:
20 Minuten

Tips:
Damit der Stollen seine Form behält, können Sie einen Ring aus Alufolie darumlegen. Dafür ein langes Stück Folie mehrmals falten und gut zusammendrücken, so daß ein fester Streifen entsteht. Diesen um den geformten und gegangenen Stollen legen. An den Enden zusammendrücken und mit Büroklammern feststecken.

Sie können aber auch eine Stollenform verwenden. Diese wird gefettet und vor dem Backen über den Stollen gestülpt. Die Backzeit verlängert sich dadurch um etwa 10 Minuten. Die Form die letzten 15 Minuten entfernen, damit die Oberfläche noch eine leichte Kruste bekommt.

Die Stollen müssen auf jeden Fall mindestens 14 Tage, besser noch 3 Wochen, durchziehen, bevor sie angeschnitten werden.

1 Das Zitronat und Orangeat mit einem großen Messer fein hacken und mit den Rosinen in eine Schüssel geben. Mit dem Rum (oder Wasser) beträufeln und zugedeckt durchziehen lassen, bis der Teig gegangen ist.

2 Das Mehl in eine große Schüssel füllen. In die Mitte eine Vertiefung drücken. Die Hefe hineinbröckeln oder einstreuen und mit 1 Eßlöffel von dem Zucker bestreuen.

3 Die Milch erhitzen, bis sie lauwarm ist. Etwa ein Drittel davon in die Vertiefung gießen. Die Hefe, den Zucker und etwas Mehl vom Rand verrühren, bis sich die Hefe aufgelöst hat. Den Vorteig zugedeckt etwa 30 Minuten an einem warmen Ort gehen lassen.

4 Den übrigen Zucker, die restliche Milch und die Gewürze zufügen. Die Butter in kleinen Stückchen dazugeben. Alles mit den Knethaken des Handrührers (oder in der Küchenmaschine) zu einem glatten Teig verarbeiten.

5 Den Teig so lange kneten, bis er Blasen wirft und sich leicht vom Schüsselrand löst. Die Schüssel mit einem Tuch abdecken und den Teig etwa 1 Stunde an einem warmen Ort gehen lassen.

6 Den Teig auf die mit Mehl bestäubte Arbeitsfläche geben und etwas flach drükken. Die eingeweichten Früchte darauf häufen und mit den Händen unterkneten. Das Backblech einfetten oder mit Backpapier belegen.

7 Den Teig halbieren. Jede Hälfte mit dem Nudelholz ein wenig flachrollen. Dann eine Seite bis knapp über die Mitte schlagen, so daß die typische Stollenform entsteht. Auf das Blech legen und nochmals etwa 2 Stunden zugedeckt gehen lassen.

8 Den Backofen auf 180° (Gas: Stufe 3) vorheizen. Das Blech in den Backofen (unten) schieben und die Stollen darin etwa 1 Stunde backen.

9 Inzwischen die Butter schmelzen. Die Stollen gleich nach dem Backen und dann mehrmals während des Abkühlens damit bestreichen. Wenn sie ganz abgekühlt sind, dick mit Puderzucker überstäuben. Gut verpackt an einem kühlen Ort aufbewahren.

Mandelstollen

Zutaten für 1 Stollen:

Für den Teig:
500 g Mehl
1 Würfel frische Hefe oder 1 Tütchen Trockenhefe
1/8 l lauwarme Milch
125 g Zucker
1 Prise Salz
abgeriebene Schale einer halben Zitrone
je 1 Prise gemahlene Muskatblüte und Nelken
250 g zimmerwarme Butter oder Margarine
je 100 g geschälte gemahlene und gehackte Mandeln
3 geschälte und geriebene Bittermandeln oder 1 Teel. Bittermandelöl

Zum Bestreichen:
50 g zerlassene Butter

Zum Bestäuben:
2 Eßl. Puderzucker

Außerdem:
Mehl zum Ausrollen und Formen
Fett oder Bachpapier für das Backblech

Vorbereitungszeit:
30 Minuten

Ruhezeit:
2 1/2 Stunden

Backzeit:
etwa 1 Stunde

Fertigstellung:
20 Minuten

1 Das Mehl in eine Schüssel füllen, in die Mitte die Hefe geben und mit der Hälfte der Milch und etwas Zucker glattrühren. Zugedeckt etwa 30 Minuten gehen lassen.

2 Alle übrigen Zutaten zufügen und den Teig wie beim Mohnstollen beschrieben zubereiten.

3 Den Backofen auf 180° (Gas: Stufe 3) vorheizen. Das Backblech vorbereiten. Den Stollen im Backofen etwa 1 Stunde backen. Dann mit der Butter bestreichen und mit dem Puderzucker bestäuben.

Mohnstollen

Zutaten für 2 Stollen:

Für den Teig:
1 kg Mehl
2 Würfel frische Hefe oder 2 Tütchen Trockenhefe
200 g Zucker
3/8 l lauwarme Milch
2 Eier
250 g zimmerwarme Butter oder Margarine
1 Prise Salz
abgeriebene Schale einer Zitrone

Für die Füllung:
250 g Mohn
3/8 l Milch
75 g Zucker

Zum Bestäuben:
3 Eßl. Puderzucker

Außerdem:
Mehl zum Ausrollen und Formen
Fett oder Backpapier für das Backblech

Vorbereitungszeit:
40 Minuten

Ruhezeit:
2 1/2 Stunden

Backzeit:
etwa 1 Stunde

1 Das Mehl in eine Schüssel füllen. In eine Vertiefung in der Mitte die Hefe bröckeln oder einstreuen. 1 Eßlöffel Zucker und etwa die Hälfte der Milch dazugeben. Verrühren, bis sich die Hefe ausgelöst hat. Den Vorteig zugedeckt etwa 30 Minuten gehen lassen.

2 Den restlichen Zucker, die übrige Milch, die Eier, das Fett, das Salz und die Zitronenschale zufügen. Alle Zutaten so lange schlagen, bis der Teig Blasen wirft und sich vom Rand löst. Zugedeckt etwa 1 Stunde gehen lassen.

3 Inzwischen den Mohn fein mahlen. Die Milch in einem Topf zum Kochen bringen, den Mohn einstreuen und den Topf vom Herd ziehen. Den Mohn

Quarkstollen

etwa 30 Minuten quellen lassen, eventuell Flüssigkeit abgießen, dann den Zucker unterrühren.

4 Die Arbeitsfläche mit Mehl bestäuben. Den Teig halbieren und jeweils zu einem Rechteck (etwa 20 x 30 cm) ausrollen. Die Mohnmasse darauf verteilen, dabei rundum 2 cm freilassen.

5 Die Längsseiten bis zur Mitte einschlagen. Dann eine Seite über die andere schlagen und zwei Stollen formen. Das Backblech vorbereiten. Die Stollen darauf legen, mit einem Tuch abdecken und etwa 1 Stunde an einem warmen Ort gehen lassen.

6 Den Backofen auf 200° (Gas: Stufe 4) vorheizen. Die Stollen im Backofen (unten) etwa 1 Stunde backen. Abkühlen lassen und dick mit Puderzucker überstäuben.

Zutaten für 1 Stollen:

Für den Teig:
1 Würfel frische Hefe oder 1 Tütchen Trockenhefe
1/8 l lauwarme Milch
125 g Zucker
500 g Mehl
150 g Butter oder Margarine
abgeriebene Schale einer Zitrone
1 Prise Salz
150 g Quark (10% Fettgehalt)
50 g Rosinen
2 Eßl. Rum

Zum Bestreichen:
50 g zerlassene Butter

Zum Bestäuben:
2 Eßl. Puderzucker

Außerdem:
Mehl zum Ausrollen und Formen
Fett oder Backpapier für das Backblech

Vorbereitungszeit:
30 Minuten

Ruhezeit:
1 Stunde 50 Minuten

Backzeit:
etwa 1 Stunde

1 Die Hefe in einer Tasse mit 4 Eßlöffel Milch und 1 Teelöffel Zucker verrühren. Zugedeckt etwa 20 Minuten gehen lassen.

2 Das Mehl in eine Schüssel füllen, die Hefe in die Mitte gießen. Die restliche Milch und den übrigen Zucker zufügen. Die Butter oder Margarine in kleinen Stückchen an den Rand setzen, die Zitronenschale, das Salz und den Quark dazugeben.

3 Alle Zutaten mit den Knethaken des Handrührers (oder in der Küchenmaschine) so lange auf höchster Stufe schlagen, bis der Teig Blasen wirft und sich leicht vom Schüsselrand löst. Falls der Teig zu weich ist, eßlöffelweise etwas Mehl unterkneten. Zugedeckt etwa 1 Stunde gehen lassen.

4 Die Rosinen mit dem Rum beträufeln und zugedeckt mindestens 30 Minuten ziehen lassen. Den Teig auf der Arbeitsfläche mit den Händen durchkneten und die Rosinen hineinkneten. Den Backofen auf 180° (Gas: Stufe 3) vorheizen. Das Backblech vorbereiten.

5 Den Teig auf der Arbeitsfläche zu einem Rechteck (etwa 20 x 30 cm) flach drücken. Eine Seite bis knapp zum Rand über die andere Seite schlagen, so daß die typische Stollenform entsteht. Auf das Blech legen.

6 Den Stollen im Backofen (unten) etwa 1 Stunde backen. Sofort danach mehrmals mit der zerlassenen Butter bestreichen. Ausgekühlt dick mit Puderzucker überstäuben.

Hutzelbrot

Zutaten für 4 kleine Brote:

Für den Teig:
750 g getrocknete Birnen
250 g getrocknete Feigen
250 g Walnüsse
100 g Mandeln
je 50 g Zitronat und Orangeat
je 200 g Rosinen und Korinthen
1/8 l Birnenschnaps
1/8 l Wasser
200 g Mehl
1 Würfel frische Hefe oder 1 Tütchen Trockenhefe
125 g Zucker
1/8–1/6 l lauwarme Milch
1 Eßl. Zimt
je 1 gute Prise gemahlene Nelken, Kardamom und Piment
30 g zimmerwarme Butter oder Margarine

Außerdem:
Mehl zum Formen
Fett oder Backpapier für das Backblech

Vorbereitungszeit:
1 Stunde

Ruhezeit:
15 Stunden

Backzeit:
etwa 1 Stunde

1 Am Vortag die Birnen und die Feigen in feine Streifen schneiden. Die Walnüsse und die Mandeln mit einem großen Messer grob hacken. Das Orangeat und Zitronat möglichst fein hacken.

2 Diese Zutaten mit den Rosinen und Korinthen in eine Schüssel füllen und mit dem Birnenschnaps und dem Wasser übergießen. Alles gut durchmischen. Die Schüssel mit Folie abdecken und über Nacht an einem kühlen Ort durchziehen lassen.

3 Am nächsten Tag das Mehl in eine Schüssel füllen und in die Mitte eine Vertiefung drücken. Die Hefe hineinbröckeln oder -streuen. Etwas Milch und 1 Eßlöffel Zucker dazugeben. Die Mischung so lange rühren, bis sich die Hefe aufgelöst hat. Den Vorteig zugedeckt etwa 15 Minuten an einem warmen Ort gehen lassen.

4 Den restlichen Zucker mit den Gewürzen unter die vorbereiteten Früchte mischen. Zugedeckt stehen lassen, bis der Hefeteig gegangen ist.

5 Die restliche Milch zum Hefeteig geben. Das Fett in kleinen Stücken zufügen. Alles mit den Knethaken des Handrührers (oder in der Küchenmaschine) so lange schlagen, bis der Teig Blasen wirft und sich vom Schüsselrand löst. Den Teig zugedeckt nochmals etwa 45 Minuten gehen lassen.

6 Die eingeweichten Früchte und Nüsse nun sorgfältig unter den Hefeteig kneten. Dafür die Hände immer wieder mit Mehl bestäuben (oder unter fließendem kaltem Wasser abwaschen), da der Teig sehr klebt. Aus dem Teig vier gleich große Brote formen.

7 Das Backblech einfetten oder mit Backpapier belegen. Die Brote darauf legen, mit einem Tuch abdecken und zwei Stunden gehen lassen.

8 Den Backofen auf 180° (Gas: Stufe 3) vorheizen. Die Brote im Backofen (unten) etwa 1 Stunde backen. Auf einem Kuchengitter auskühlen lassen. Anschließend gut in Folie verpacken und vor dem Anschneiden mindestens 14 Tage durchziehen lassen.

Früchtebrot

Zutaten für 2 Brote:

Für die Füllung:
je 250 g getrocknete und entsteinte Pflaumen, Aprikosen und Birnen
250 g entkernte Datteln
1 1/2 – 2 l Wasser
je 100 g Walnüsse und Haselnüsse
je 50 g Zitronat und Orangeat
100 g Rosinen
150 g Zucker
1 Teel. Zimt
1/2 Teel. Anis
1 gute Prise gemahlene Nelken und Piment
nach Belieben 8 Eßl. Rum oder Obstschnaps

Für den Hefeteig:
600 g Mehl
1 Würfel frische Hefe oder 1 Tütchen Trockenhefe
40 g Zucker
3/8 l lauwarme Milch
1 Prise Salz
30 g zimmerwarme Butter oder Margarine

Außerdem:
Mehl zum Ausrollen
Fett oder Backpapier für das Backblech

Vorbereitungszeit:
1 1/2 Stunden

Ruhezeit:
15 Stunden

Backzeit:
etwa 1 Stunde 20 Minuten

1 Am Vortag die Früchte in eine Schüssel geben. Das Wasser erhitzen und über die Früchte gießen. Zugedeckt über Nacht darin einweichen.

2 Am nächsten Tag das Wasser abgießen, die Früchte in einem Sieb abtropfen lassen und auf einem Küchentuch ausbreiten. Die Früchte in kleine Würfel schneiden und wieder in die Schüssel füllen.

3 Die Nüsse, das Zitronat und das Orangeat fein würfeln und zu den Früchten geben. Die Rosinen, den Zucker, die Gewürze und nach Belieben den Alkohol hinzufügen. Gut durchmischen, zudecken und ziehen lassen, bis der Teig fertig ist.

4 Das Mehl in eine Schüssel füllen. In eine Vertiefung in der Mitte die Hefe geben. Mit 1 Eßlöffel Zucker und etwa der Hälfte der Milch verrühren, bis sich die Hefe aufgelöst hat. Zugedeckt etwa 15 Minuten an einem warmen Ort gehen lassen.

5 Den restlichen Zucker, die Milch, das Salz und das kleingeschnittene Fett zufügen und zu einem geschmeidigen Teig verarbeiten. Falls er zu weich ist, etwas Mehl unterkneten. Den Teig zugedeckt etwa 45 Minuten gehen lassen.

6 Den Teig halbieren, mit den Händen die eine Hälfte mit den Früchten verkneten. Die andere Hälfte auf der bemehlten Arbeitsfläche dünn zu zwei etwa 25 x 35 cm grossen Rechtecken ausrollen.

7 Aus der Früchtemasse zwei längliche Laibe formen und je in die Mitte der Teigplatten legen. Die Teigränder mit Wasser bestreichen. Den Teig über die Brote schlagen und an den Rändern gut festdrücken. Die Früchtebrote mit der Nahtseite nach unten auf das vorbereitete Blech legen. Mit einem Tuch abdecken und nochmals etwa 2 Stunden gehen lassen.

8 Den Backofen auf 180° (Gas: Stufe 3) vorheizen. Die Brote mit lauwarmen Wasser bestreichen und im Backofen (unten) etwa 1 Stunde 20 Minuten backen.

9 Die Früchtebrote auskühlen lassen, gut verpacken und mindestens 14 Tage durchziehen lassen.

Panettone

Zutaten für 1 Panettone:

Für den Teig:
500 g Mehl
1 Würfel frische Hefe oder 1 Tütchen Trockenhefe
100 g Zucker
gut 1/8 l lauwarme Milch
6 Eigelb
200 g zimmerwarme Butter oder Margarine
abgeriebene Schale einer Zitrone
je 1 gute Prise Salz, gemahlene Nelken und Zimt
je 75 g Zitronat und Orangeat
50 g rote Belegkirschen
100 g Rosinen

Zum Bestreichen:
1 Eigelb

Außerdem:
Mehl zum Formen und für die Backform
Alufolie oder Backpapier für die Backform
Fett zum Ausstreichen

Vorbereitungszeit:
1 Stunde

Ruhezeit:
2 1/2 Stunden

Backzeit:
etwa 45 Minuten

1 Das Mehl in eine Schüssel füllen. In eine Vertiefung in der Mitte die Hefe geben. Mit 1 Eßlöffel des Zuckers und der Hälfte der Milch verrühren, bis sich die Hefe aufgelöst hat. Den Vorteig zugedeckt etwa 30 Minuten gehen lassen.

2 Den restlichen Zucker, die Milch und die Eigelbe zum Teig geben. Dann das kleingeschnittene Fett und die Gewürze hinzufügen. Alles mit den Knethaken des Handrührers (oder in der Küchenmaschine) schlagen, bis sich der Teig vom Schüsselrand löst.

3 Die Schüssel mit einem Tuch abdecken und den Teig etwa 1 Stunde an einem warmen Ort gehen lassen, bis er sein Volumen verdoppelt hat.

4 Inzwischen das Zitronat und Orangeat und die Kirschen in feine Würfel schneiden.

5 Wenn Sie keine Panettone-Form haben, nehmen Sie einfach eine Auflaufform (etwa 20 cm Ø). Einen breiten Streifen Backpapier oder Alufolie an den Rand der Form legen und an den Enden mit Büroklammern zusammenstecken. Die Form fetten und mit Mehl ausstäuben.

6 Den Teig auf die bemehlte Arbeitsfläche geben, etwas flachdrücken und die feingewürfelten Früchte und die Rosinen darauf verteilen. Mit den Händen sorgfältig unterkneten.

7 Den Teig in die vorbereitete Form geben. Er sollte sie etwa zu zwei Drittel füllen. Mit einem Tuch abdecken und nochmals etwa 1 Stunde gehen lassen.

8 Den Backofen auf 200° (Gas Stufe 4) vorheizen. Den Panettone an der Oberfläche kreuzweise einschneiden und mit den Eigelben bestreichen. Im Backofen (unten) etwa 45 Minuten backen. Abgekühlt dick mit Puderzucker überstäuben.

9 Variante: Für einen Drei-Königskuchen läßt sich der Teig auch in einer Springform (26 cm Ø) backen. Dann als Verzierung sechs kleine Teigkügelchen als Kranz in die Mitte der Oberfläche setzen.

Konfekt für Genießer

Die Krönung jedes Plätzchentellers: Pralinen, die raffiniert aussehen und einfach umwerfend gut schmecken. Und Sie werden sehen – Trüffel- oder Marzipanpralinen selber herzustellen ist wirklich keine Hexerei!

Teetrüffeln

Zutaten für etwa 30 Stück:

Für die Trüffelmasse:
100 g Zartbitterschokolade
125 g Vollmilchschokolade
1/8 l Sahne
2 Teel. schwarzer Tee (am besten eine kräftige Sorte, zum Beispiel Assam)
30 g zimmerwarme Butter

Zum Verzieren:
2 Eßl. kandierte Velichen oder etwa 30 Zuckerblümchen (Fertigprodukt)

Außerdem:
etwa 30 Konfektförmchen aus Metall (Haushaltsgeschäfte; ersatzweise aus Papier)

Vorbereitungszeit:
15 Minuten

Kühlzeit:
2 Stunden

Fertigstellung:
30 Minuten

Tips:
Die Trüffeln müssen kühl aufbewahrt werden und sollten immer möglichst frisch sein. Also keine allzu großen Vorräte davon anlegen.

Nach Möglichkeit sollten Sie Metallhütchen verwenden, denn sie haben einen entscheidenden Vorteil: Sie halten den Aufenthalt im Kühlschrank aus. Papierförmchen verlieren darin sehr leicht ihre Form, da sie durch die Kühlschrankfeuchtigkeit aufweichen können.

Wenn Sie keinen Spritzbeutel haben, können Sie die Masse auch in einen Kunststoffbeutel füllen und an einer Ecke eine kleine Spitze abschneiden. Durch das kleine Loch dann in Konfekthütchen spritzen.

1 Die Schokolade zerbröckeln oder mit einem großen Messer in Stücke schneiden. Statt Schokolade können Sie auch die entsprechende Menge helle und dunkle Kuvertüre verwenden.

2 Die Sahne in einem Topf zum Kochen bringen. Den Tee einrühren und den Topf vom Herd ziehen. Den Tee etwa 5 Minuten in der Sahne ziehen lassen.

3 Die Sahne in eine Schüssel abgießen, die Teeblätter dabei in einem kleinen Sieb auffangen. Die Schokolade nun in die heiße Sahne geben und darin schmelzen lassen.

4 Dabei immer wieder umrühren, bis sich eine homogene Masse gebildet hat. Falls die Wärme der Sahne nicht mehr ausreicht, um die Schokolade vollständig zu schmelzen, den Topf noch einmal ganz kurz auf den Herd stellen und erwärmen.

5 Die Trüffelmasse nun bei Zimmertemperatur abkühlen lassen. Im Kühlschrank wird sie schnell zu fest und läßt sich dann nicht mehr spritzen. Das Abkühlen dauert (je nach Raumtemperatur) etwa 2 Stunden.

6 Die Butter in kleinen Flöckchen auf der Masse verteilen und diese mit einem Schneebesen oder mit dem Handrührer schaumig aufschlagen. Jedoch nicht zu lange schlagen, denn auch dadurch kann die Masse zu fest werden.

7 Die cremige Masse in einem Spritzbeutel mit Rosettentülle füllen und in jedes Konfekthütchen kleine Trüffeltupfen spritzen. Mit kandierten Veilchen oder Zukkerblümchen verzieren. Die Pralinen kühl aufbewahren.

8 Variante: Die Masse zum Abkühlen in den Kühlschrank stellen und sie darin richtig fest werden lassen. Anschließend mit einem Teelöffel kirschgroße Stücke abstechen und zwischen den Handflächen zu Kugeln rollen.

9 Die Hände zwischendurch immer wieder kalt abwaschen, denn die Masse schmilzt sehr schnell. Die Kugeln auf ein mit Kakao bestäubtes Blech setzen und durch Rütteln des Tabletts im Kakao wälzen.

Kirschpralinen

Zutaten für etwa 40 Stück:

Für die Trüffelmasse:
1/8 l Sahne
je 100 g Vollmilch- und Zartbitterschokolade
4 Eßl. Kirschwasser
30 g Kokosfett

Für die Glasur:
200 g dunkle Kuvertüre
etwa 20 kandierte Kirschen

Außerdem:
Klarsichtfolie für die Form

Vorbereitungszeit:
30 Minuten

Kühlzeit:
1 Stunde

Fertigstellung:
20 Minuten

1 Die Sahne in einem Topf einmal aufkochen lassen. Die Schokolade zerbröckeln. Den Topf vom Herd ziehen. Die Schokolade hineingeben und unter Rühren in der Sahne schmelzen.

2 Die Masse etwas abkühlen lassen. Das Kirschwasser einrühren, das Kokosfett zufügen und schmelzen lassen. Dann rühren, bis sich alle Zutaten gut verbunden haben.

3 Eine Kastenform (ca. 20 cm Länge) mit Klarsichtfolie auslegen. Die Masse einfüllen, glattstreichen und im Kühlschrank in etwa 1 Stunde fest werden lassen.

4 Die feste Masse auf die Arbeitsfläche stürzen und die Folie abziehen. Die Trüffelmasse in kleine Rechtecke (etwa 1 1/2 x 2 1/2 cm) schneiden. Die Pralinen auf eine Platte legen und wieder kalt stellen.

5 Die Kuvertüre im Wasserbad schmelzen. Die Pralinen mit Hilfe einer Gabel eintauchen, auf die Folie oder auf ein Kuchengitter setzen und mit je einer halbierten Kirsche verzieren.

Rumkugeln

Zutaten für etwa 40 Stück:

Für die Trüffelmasse:
1/8 l Sahne
200 g Vollmilchschokolade
40 g gemahlene Haselnüsse
1 Eßl. Kakao
50 g Butter
3 Eßl. Rum

Zum Wälzen:
100 g Schokoladenstreusel

Vorbereitungszeit:
30 Minuten

Kühlzeit:
1 1/2 Stunden

Fertigstellung:
20 Minuten

1 Die Sahne in einem Topf kurz aufkochen, dann vom Herd nehmen. Die Schokolade zerbröckeln und unter Rühren in der Sahne auflösen. Die Masse etwas abkühlen lassen.

2 Die Haselnüsse in einer Pfanne ohne Fett anrösten, auf einen Teller geben und abkühlen lassen.

3 Die Nüsse mit dem Kakao, der Butter und dem Rum unter die Schoko-Sahne-Masse rühren. Im Kühlschrank in etwa 1 Stunde ganz fest werden lassen.

4 Mit einem Teelöffel etwa kirschgroße Kugeln von der Masse abstechen. Zwischen den Handflächen zu Kugeln rollen und diese sofort in den Schokostreuseln wälzen. Die Streusel mit den Fingerspitzen leicht andrücken. Die Rumkugeln kühl aufbewahren.

Vanilletrüffeln

Zutaten für etwa 40 Stück:

Für die Trüffelmasse:
1/8 l Sahne
200 g weiße Kuvertüre
1/2 Vanilleschote oder 1/2 Teel. echtes Vanillepulver (gibt es im Reformhaus)
2 Eßl. Crème fraîche

Zum Verzieren:
weiße Zuckerblümchen oder Liebesperlen

Außerdem:
etwa 40 Konfektförmchen aus Papier oder Metall

Vorbereitungszeit:
15 Minuten

Kühlzeit:
1 1/2 Stunden

Fertigstellung:
15 Minuten

1 Die Sahne in einem Topf kurz aufkochen, dann vom Herd ziehen. Die Kuvertüre kleinschneiden und unter ständigem Rühren in der Sahne auflösen.

2 Die Vanilleschote längs aufschlitzen und das Mark herausschaben. Das Mark oder das Vanillepulver in die Masse rühren. Die Trüffelmasse darin etwa 1 1/2 Stunden abkühlen lassen, bis sie Zimmertemperatur hat.

3 Die Crème fraîche mit einem Schneebesen unter die Trüffelmasse schlagen. Die weiche Creme in einen Spritzbeutel mit Rosettentülle füllen und in die Papier- oder Metallförmchen kleine Tupfen spritzen. Mit Zuckerblümchen verzieren oder mit Liebesperlen bestreuen. Kühl aufbewahren.

Zimttrüffeln

Zutaten für etwa 40 Stück:

Für die Trüffelmasse:
1/8 l Sahne
200 g dunkle Kuvertüre oder Zartbitterschokolade
30 g zimmerwarme Butter
1/4 Teel. Zimt

Zum Wälzen:
2 Eßl. Puderzucker
1/2 Teel. Zimt

Vorbereitungszeit:
15 Minuten

Kühlzeit:
1 1/2 Stunden

Fertigstellung:
20 Minuten

1 Die Sahne in einem Topf aufkochen, dann vom Herd ziehen. Die Kuvertüre oder Schokolade kleinschneiden und unter Rühren in der Sahne auflösen.

2 Die Masse abkühlen lassen, bis sie etwa Handwärme hat. Dann die Butter und den Zimt unterrühren. Die Masse in etwa 1 Stunde im Kühlschrank fest werden lassen.

3 Mit einem Teelöffel etwa kirschgroße Stücke abnehmen und zwischen den Handflächen zu Kugeln rollen. Die Hände dabei immer wieder unter kaltem Wasser abwaschen, da die Masse sehr schnell schmilzt.

4 Ein Tablett oder kleines Blech mit der Mischung aus dem Puderzucker und dem Zimt bestäuben. Die Kugeln darauf setzen. Durch leichtes Rütteln des Tabletts rundum darin wälzen. Die Zimttrüffeln kühl aufbewahren.

Marzipanpralinen

Zutaten für etwa 40 Stück:

Für die Marzipanmasse:
200 g Mandeln
3 Bittermandeln
200 g Puderzucker
2 Eßl. Rosenwasser (gibt es in der Apotheke)
1 Eßl. Kakao
1 Teel. Weinbrand oder Wasser

Zum Verzieren:
100 g dunkle Kuvertüre

Außerdem:
Puderzucker zum Ausrollen

Vorbereitungszeit:
40 Minuten

Trockenzeit für die Mandeln:
1 Stunde

Fertigstellung:
15 Minuten

Tips:
Das Marzipan können Sie ganz nach Belieben auch mit Lebensmittelfarbe oder Fruchtsirup einfärben. Und Sie können zusätzlich 1–2 Eßlöffel Obstschnaps oder Likör unterkneten und die Masse damit parfümieren.

Die Marzipanpralinen müssen gut verpackt werden, da sie sonst leicht austrocknen. Gut eignen sich dafür fest schließende Kunststoff- oder Blechdosen.

Die Marzipanmasse läßt sich nicht nur mit Mandeln, sondern auch mit Nüssen zubereiten. Allerdings wird sie dann – je nach Nußsorte – sehr viel kräftiger im Geschmack. Besonders fein wird die Masse, wenn Sie etwa 50 g der Mandeln durch Pinienkerne oder Pistazien ersetzen.

1 In einem Topf etwa 1 Liter Wasser zum Kochen bringen. Die Mandeln hineinschütten und einmal kurz aufkochen lassen. Die Mandeln in ein Sieb abgießen und kurz mit kaltem Wasser abschrecken.

2 Nun die Mandeln aus der Schale schnipsen. Dafür am besten am dickeren Ende anfassen, die Schale durch leichtes Reiben lösen und die Mandeln mit der Spitze aus der Schale drücken. Auf einem Küchentuch ausbreiten und etwa 1 Stunde trocknen lassen.

3 Die Mandeln anschließend durch die Mandelmühle treiben oder im elektrischen Zerkleinerer fein mahlen. In einer Schüssel mit dem Puderzucker vermischen und ein zweites Mal fein mahlen.

4 Die Masse anschließend mit den Händen durchkneten und dabei das Rosenwasser zugeben. Sollte das Marzipan zu fest sein, können Sie tropfenweise noch etwas Wasser darunterkneten.

5 Oder das Marzipan im elektrischen Zerkleinerer kneten. Dabei das Rosenwasser bei laufender Maschine langsam dazuträufeln. So lange kneten, bis die Masse fest zusammenhält. Anschließend noch mit den Händen kurz durchkneten.

6 Die Marzipanmasse halbieren und eine Hälfte mit dem Kakao und dem Weinbrand (oder Wasser) verkneten. Beide Massen auf wenig Puderzucker 2 – 3 mm dick zu zwei gleich großen Rechtecken ausrollen.

7 Eine Platte mit Wasser bestreichen, die andere auflegen und leicht andrücken. Von der breiten Seite her aufrollen, dann in etwa 1 cm dicke Scheiben schneiden. Zur Hälfte in die geschmolzene Kuvertüre tauchen und trocknen lassen.

8 <u>Variante:</u> Die Teigplatte nach dem Aufeinanderlegen noch einmal halbieren. Die Oberfläche der einen Hälfte mit Wasser bestreichen. Die andere Platte auflegen und leicht andrücken. Nun in Rauten oder kleine Dreiecke schneiden.

9 Die Pralinen einzeln mit Hilfe einer Gabel in die geschmolzene Kuvertüre tauchen. Dafür sollten Sie allerdings die Kuvertürenmenge auf 200 g erhöhen. Auf eine Folie setzen und mit einer halbierten Mandel oder Pistazie verzieren.

Zum Gebrauch

Hier stehen die Rezepttitel und Sachbegriffe in alphabetischer Reihenfolge. Damit Sie Rezepte mit bestimmten Zutaten aber noch schneller finden können, stehen in diesem Register zusätzlich auch Teigsorten und Tips fürs Backen und Verzieren – ebenfalls alphabetisch geordnet – über den entsprechenden Rezepten.

A

B

C

D

E

F

G

H

I

K

L

M

N

O

P

Q

R

Fortsetzung letzte Seite

Die Autoren

Regine Stroner
hatte schon immer ein Faible für Süßes und begeisterte sich bereits als Kind (zur Freude der ganzen Familie) für das Backen und alles, was dazugehört. Später studierte sie Haushaltswissenschaften und schloß ihre Ausbildung als Diplom-Haushaltsökonomin ab. Danach war Regine Stroner mehrere Jahre als Redakteurin bei verschiedenen Zeitschriften tätig und seit 1988 arbeitet sie als freie Food-Journalistin.

Pete und Susanne Eising
haben sich in ihrem Studio für Lebensmittel-Fotografie ausschließlich auf Foodfotografie spezialisiert. Zu ihrem Kundenkreis gehören Werbeagenturen und Industrieunternehmen, Zeitschriftenredaktionen und Kochbuchverlage.
Gebacken hat für dieses Buch Christina Kempe.

Impressum

Die Originalausgabe erschien 1990 beim Gräfe und Unzer Verlag, München, unter dem Titel „Backen für Weihnachten".

Redaktion: Martina Reigl
Typografie: Robert Gigler
Layout: Heinz Kraxenberger
Herstellung: Karl Schaumann, Robert Gigler
Farbfotos und Umschlagfoto: StockFood, München
Foodstyling: Susi Eising
Umschlaggestaltung: Daniela Petrini, München
Druck und Bindung: BAWA Print & Partner, München

ISBN: 3-7742-4942-3